I0766768

Fantasmas en el laboratorio

**Creencias, supersticiones y fenómenos
paranormales explicados por la ciencia**

David Camacho Valadez

2da Edición

Fantasmas en el laboratorio

Creencias, supersticiones y fenómenos
paranormales explicados por la ciencia

David Camacho Valadez

2da Edición

A mi familia:
por confiar en mí aun cuando hasta yo mismo dudé de mí

A la vida:
por derribarme tantas veces como me pueda levantar

A Grecia, América, Pablo y Vietnam:
por escucharme hasta el cansancio durante mi crisis

A la soledad:
por presionar para que pudiera replantearme mi vida a tiempo

Índice

Presentación

Bienvenido a la apertura de esta obra amable lector.

Mi nombre es David Camacho, soy un profesional de la salud mental, al mismo tiempo que un hombre apasionado en temas de letras y misterios relacionados con asuntos del comportamiento y temas que abordan problemáticas de la mente humana y no humana. Debo admitir que en particular me llaman todos esos misterios que pueden tornarse tan particulares, que a simple vista parecieran no tener una explicación o al menos una de fácil acceso para el entendimiento actual y de los cuales, planeo plagar cada uno de los siguientes capítulos.

Pero antes de brindarle a usted la información de tan fascinantes misterios, me es imperativo tomarme la libertad de agregar desde una postura bastante banal y un tanto vulgar si usted gusta, que en el momento en que escribo estas líneas, su servidor desborda en alegría al saberse el comunicador de este reporte monográfico sobre los que pudiéramos llamar misterio contemporáneo.

La alegría es tal que me atrevo a mencionarle también en confidencia, que siempre ha sido uno de mis grandes sueños el realizar un trabajo relacionado a temas del misterio y poder difundirlo por medios impresos. Pero mas allá de la forma y la difusión, la verdadera dificultad por la cual un documento así no había podido ser anteriormente escrito por su servidor, es mi relación profesional con la salud mental. Y es que el tratar una temática tal —el misterio— debe ser manejada para un científico con mucho cuidado, sobre todo por lo cerca que se siente la presencia del método científico, el cual nos brinda un orden necesario para estudiar cualquier fenómeno desde una postura digamos formal.

Es entonces que pensando como científico, no sería del todo responsable de mi parte el hablar sobre temas relacionados al misterio con tanta flexibilidad o como si estos tuvieran en su totalidad una certeza, sobre todo bajo la lupa de un lente tan calibrado y medido como el método científico mismo.

Por ello y con el mayor numero de pertinencias posibles, tomé la decisión de realizar esta obra, siempre contando con el cuidando del reporte riguroso fundamentado en datos provenientes de investigaciones empíricas. Y es que, si queremos llegar en algún momento a resolver problemáticas sobre misterios, la humanidad no conoce aun una mejor forma que empleando el método científico.

Siempre y cuando se busque en efecto la resolución del misterio en sí. Con esto hago entonces evidente mi intención de que este texto sea de corte exclusivo para los estudios relacionados con el misterio, pero solo aquellos que emplean el método científico en su elaboración como un condicionante y por qué no decirlo, con la intención de que esto sea también el principal atractivo de esta obra.

También es importante agregar que la intención de *formalizar* el misterio bajo la lupa científica no es para nada una situación fortuita o mucho menos un capricho. Tiene que ver sobre todo con el peso de mi formación profesional desde una postura científica. De hecho, también debo comentar mi estimado lector que, a lo largo de la vida profesional de su servidor, he tenido la fortuna de desarrollarme en varios aspectos académicos y de investigación, siendo instruido en diferentes momentos y situaciones por disciplinas tan diversas como lo pueden ser las ingenierías, las ciencias básicas como la biología y la química y por supuesto, por las ciencias de la salud, definiendo en muchos sentidos mi labor como profesional de la salud mental.

Es por mucho gracias a lo variado de esta formación y de las posturas tan diversas de las que me he rodeado, que destaco como factor común la necesidad de que cualquier disciplina sin importar cuál sea, esté integrada por rigurosos métodos de comprobación para lograr poco a poco verdaderos avances que beneficien a la condición humana, sobre todo si estos avances involucran el debelar temáticas relacionadas al misterio.

Pero pese a que cada disciplina tiene su complejidad y sus prioridades en cuanto a temáticas y desarrollos específicos, ocurre que me atrevo a opinar —desde mi muy particular y sesgado punto de vista— que todas las ciencias, sin importar cual sea, comparten ese asombroso y primitivo interés en lo que aún no se puede explicar ni medir por medio de los métodos actuales, o yéndonos un poco más profundo, un interés casi oculto por esos fenómenos que incluso parecen ser a veces imposibles para nuestro entendimiento humano.

Y es que tiene mucha lógica; Solo trate de imaginar a un físico esforzándose por explicar con todos sus medios racionales y medibles, una situación tan hipotética y pintoresca como que los muebles de una casa se mueven aparentemente solos —por poner un ejemplo fantástico—. O bien, imagine a un psicólogo tratando de entender o reportar que uno de sus pacientes afirma que mientras duerme este puede ver el futuro. Mismo caso, imagine a un médico asombrado ante un paciente terminal que perdió su situación de cáncer de un día a otro.

Probablemente no tengamos respuestas a estas preguntas en los próximos años —o puede que sí, no tengo una real certeza—, pero siempre existe la posibilidad de que alguna mente curiosa acierte y nos brinde un poco de luz en estos tópicos tan llenos de oscuridad hasta nuestros días. Justo por ello podríamos hablar de temáticas del misterio que como usted puede leer no son del todo paralelas o ajenas a las disciplinas científicas, sino son propias de campos de estudios formales, aunque no se hable de ellas en su mayoría. Digo, científico o no, a nadie le gusta verse expuesto ante esa parte incomoda del rompecabezas que uno no pudo resolver.

Anomalías, errores, fallos de cálculo o bien, misterios sin una respuesta. Durante la historia se les han conocido de mil formas, pero para estas situaciones la cultura popular ha escogido un apelativo que, si bien no genera más que mayor certeza, sin duda hace que nuestro cerebro rápidamente reconozca de que temas se tratan. Estamos hablando sin duda, de los que en el mundo tanto del misterio como de los apartados sin respuesta son llamados *fenómenos paranormales*.

Justo después de hacer esta mención sobre los *fenómenos paranormales*, me es de bastante relevancia hacer el hincapié en no olvidar la naturaleza estrictamente científica de lo que usted va a leer en los capítulos posteriores a esta presentación, ya que reitero mi compromiso con brindarle información fiable en relación con estos *fenómenos paranormales*, encontrando en el camino hacia estos y para mi sorpresa que mi osadía científica se queda corta ante otros colegas que han hecho lo suyo también retando los cánones científicos y tratando de indagar en estos fenómenos. Me refiero por supuesto a reconocidos científicos que han llevado a cabo estudios formales para probar la existencia o pertinencia de estos *fenómenos paranormales* que parecieran fuera de todo orden natural o de comprensión humana. Todo esto, reitero, desde evidencia reciente y del rigor científico mismo. La idea fundamental de esto mi estimado lector, es el no presentar información ambigua o con falta de soporte científico, siendo mi principal intención es el fundamentar de alguna manera la hipótesis de *que todo fenómeno, cual sea, se puede abordar bajo el método científico.*

Inicio entonces con esta narrativa, siempre bajo la guía del respeto y admiración por la naturaleza y los misterios de la vida y la muerte al igual que por el arduo trabajo del método científico para darnos luz donde parece todo oscuridad.

Espero con toda sinceridad que usted disfrute de esta obra tanto como yo disfrute en elaborarla.

David Camacho
14 mayo del 2017, Ciudad Juárez, Chihuahua, México

Prólogo
Una noche lluviosa

"No os maravilléis de esto; porque vendrá hora cuando todos los que están en los sepulcros oirán su voz; y los que hicieron lo bueno, saldrán a resurrección de vida..."

Juan 5:28-29

Imagine por un instante que usted se encuentra en su habitación durante una noche lluviosa. Se encuentra solo(a) y en general no hay mucho que hacer. Se trata de una aparente noche tranquila. Ha sido un largo día en el trabajo o escuela y solo piensa en descansar y entretenerte un poco antes de irse a descansar. Para esto, imagine que usted se sitúa en una habitación situada en la planta superior de su hipotética casa.

En ese momento, el encender la televisión o ver una película se plantea como una buena actividad. También imagine que la luz dentro de su habitación es tenue y junto con el ruido que hace la lluvia que choca con las paredes por fuera de su casa, la temperatura que genera y el hecho de estar en soledad, hace que sus sentidos se puedan concentrar de lleno en la actividad placentera que usted decidió hacer. Todo va bien, hasta que, de repente algo perturba su descanso; usted se percata de un ruido en el piso de abajo.

De forma inmediata, sus sentidos se ponen en alerta y usted deja de hacer lo que sea que hacías para concentrarte en ese ruido solamente. Al principio usted divaga y no lo toma en serio volviendo rápidamente a lo suyo, pero sucede un segundo ruido, ligeramente más fuerte que el anterior. El problema está en que usted no logra relacionar ese ruido con algo cotidiano. Sube la incertidumbre y usted puede sentir como de forma su corazón late con mayor rapidez y junto con la dilatación de sus pupilas, los primeros tímidos hilos de sudor frio comienzan a rozar con su ropa.

En este punto el miedo ya es inminente y su cerebro entra se llena de una y mil dudas. Paso a paso, su cerebro va generando todas las posibles respuestas que se le ocurren, tratando de adivinar el origen de ese sonido que interrumpió de tajo su descanso, surgiendo en infinitas combinaciones dentro de tu cabeza hasta llegar a ese punto donde lo racional ya no tiene lugar.

Imagine que ahora usted puede notar que la luz, en baja tonalidad, entra por la abertura de la puerta de su habitación. Esto es suficiente para permitirte trazar una ruta rápida hacia la puerta de su habitación y poder buscar un armamento improvisado. Sin notarlo, todo su ser ya decidió que por lo pronto es importante generar una defensa, sea cual sea el caso de lo que incide en el piso de abajo. Usted se incorpora y casi llegando al umbral de la puerta selecciona su arma improvisada. Digamos que, en este caso, usted se arma con un paraguas que sostiene a manera de garrote. Sin darse cuenta usted ya frunció el ceño y con su paraguas en modo de ataque, se dispones a salir de la habitación finalmente.

La lluvia no de caer en el exterior y mientras usted hace contacto con la fría madera del piso, su corazón comienza a latir con mayor intensidad. Imagine entonces que, de la forma más inoportuna, un relámpago decide caer a lo lejos, sumando gotas de sudor a su camisa, mientras que su mente no para de maquinar posibles defensas para todos los potenciales peligros que ese ruido pudiera originar...

Usted no para de preguntarse internamente *¿qué será?*, una y otra vez, más que por la ansiedad, por la necesidad de una última ancla racional para poder seguir en el presente. Pese a que las opciones cuyo cerebro crea en ese instante pueden ser infinitas, pareciera como si todo su ser se esforzara por no pasar una línea muy tenue que llevaría sus pensamientos a donde lo poco racional se encuentra. Y es que seamos honestos, tu cerebro sabe que llegar a preguntarse si se trata de otra *cosa* no sería la idea más tranquilizadora del mundo en una situación como la que hipotéticamente usted está viviendo... Por cierto, acaba de ocurrir por tercera vez ese ruido.

Saliendo de su habitación usted revisa el pasillo con una rápida mirada, pero no puede percibir nada fuera de lo común en el pasillo de la planta alta, pero confirma que el ruido viene del piso de abajo, entre la cocina y la sala de estar. Cada vez es más difícil seguir bajando por la escalera y le tiemblan las extremidades. A la mitad de la escalera todo su ser le dice que regrese y que se esconda, que sea lo que sea lo que esté abajo, no merece la pena ver... —¡COBARDE! — dice otra parte de usted—. Claro, es la parte que ya no está siendo para nada racional y que cada vez tiene más fuerza en usted, la parte que pudiéramos llamar instintiva.

Usted se prepara. Está a punto de terminar de bajar la escalera y eleva su paraguas cual hacha vikinga. Reuniendo toda su valentía, usted genera un soplo de palabras que se desprenden de su boca como previendo lo que estás a punto de presenciar. Tus músculos se tensan y armado con todo su valor, usted entra a su cocina. Ahora usted se encuentra frente a lo que causaba el ruido... *frente a eso que causa el ruido*.

¡PAUSA!

Bueno, a partir de aquí la historia puede tomar dos rumbos, dependiendo su imaginación y curiosidad. A ver cómo le parecen las opciones hipotéticas que le propongo: En la primera opción, eso que causaba el ruido para su fortuna se trata de algo cotidiano. Falsa alarma al parecer. En esta opción usted logra calmarse y hasta puedes pensar para sus adentros que solo fue una exageración. Su cerebro acertó en este caso. Pero si hablamos de la segunda opción, aquí ocurre algo distinto, ya que lo que usted ve y pensaba, no es algo propiamente cotidiano, es más, ni siquiera extraño, sino siendo especifico, es un *fenómeno paranormal*. Dígase una figura fantasmagórica, un ente o los platos volando, etc. Como es ya evidente, este libro busca indagar a profundidad en esta segunda opción.

Solo piénselo, si usted tuvieras un evento de este tipo (paranormal), creo que sería bastante conveniente que su cerebro ya tuviera algún antecedente del cual basarse al momento de tener *aquello* de frente. Así pues, su cerebro no se colapsaría y no moriría al intentar darle forma a "la cosa" paranormal. Como referencia, gran parte de los cuentos del autor H.P Lovecraft (autor clásico de la literatura de horror, que si no ha leído le invito a hacerlo) indagan en ese terror paralizante del que hablo, ese que obtenemos los humanos al no comprender lo que vemos, llevándonos a la locura o a la muerte.

En relación con esto, le pongo a usted otro ejemplo; si el día de hoy ocurriera un apocalipsis zombi —fantasía de muchos amigos lectores—, seria por medios de comunicación que nos daríamos cuenta de que algo está ocurriendo sin duda. Pero sería la fantasía y nuestro conocimiento previo (regularmente de películas o de cultura general) donde tendríamos esa información "vital" para sobrevivir, desde cómo protegerse hasta cómo eliminarlos. Y si en este momento mi estimado lector, usted está pensando que mi pretensión es insinuar que el conocimiento de situaciones paranormales es vital para la supervivencia humana, sin titubear yo le diré ¡por supuesto!

Pero no quiero mal entenderme. Más que el tema *paranormal* en sí, considero que cualquier conocimiento que usted pueda adquirir antes de afrontar situaciones difíciles otorga ventaja. Aunque no vengo a darle mi opinión realmente. La propuesta de este libro va un poco más encaminada a desarrollar una obra de, digámoslo así, *divulgación científica* y esto anula definitivamente la opinión de su servidor, ya que como ya se sabe, la ciencia se basa en demostraciones y hechos. No en la opinión sesgada de un sujeto que escribe sobre fantasmas. La duda razonable en este punto puede que sea bueno, ¿cómo demostrar entonces evidencia científica de *fenómenos paranormales*? Pues lo invito a que siga leyendo, que esto apenas inicia…

Basado en hechos reales

De forma regular, por algún motivo fuera de mi entendimiento, cuando se agrega la leyenda *basado en hechos reales* uno puede casi asegurarse que la cosa va en serio. Sea en el *tráiler* de alguna película o alguna noticia donde algo es apoyado en *hechos reales* nuestro interés será captado con mayor facilidad con esas palabras mágicas. Por ejemplo, cuando este mensaje viene en una historia de horror, es muy posible que logre una mayor atención la historia a que si se presta solo a una ficción. Incluso se podría decir que muchas *leyendas urbanas* le deben su nacimiento a esta frase tan rentable. Estoy tan seguro del impacto de esta frase que le aseguro que si la leyenda *basado en hechos reales* estuviera en una lata de sopa seguiría causando su efecto de atracción, digo ¿quién no quisiera probar una sopa *basada en hechos reales*?

Siguiendo esta línea podríamos decir que nos intriga la realidad pero que al mismo tiempo puede que le temamos; Mi explicación es simple, pienso que el temor deriva de que el conocimiento genera responsabilidad, y me refiero al conocimiento tanto de cosas "buenas" como de las "malas". Pero al tratarse de realidades ficticias, como es el caso de películas o relatos, uno puede experimentar esta intriga sin la forzosa responsabilidad que conllevaría. Puede ser por esto que algunas personas disfrutamos este tipo de filmes. Entre muchas otras posibles razones. Lo que nos queda claro con esto es que nunca va a ser para nada lo mismo estar expuesto en una escena del crimen real o dentro de un bosque de noche, a ver, por ejemplo, el programa de *CSI* o la película de *La Bruja de Blair* desde la tranquilidad de una pantalla.

Pero para no perder la tradición, he decidido también valerme del *basado en hechos reales* para darle forma a este libro. Solo que debo mencionar una modificación en la ecuación. Ya que este escrito no se enfoca en cosas "basadas en hechos reales" propiamente, sino solo en "hechos reales".

Entiendo que esto puede sonar confuso sabiendo que hablaremos de *fenómenos paranormales* los cuales tradicionalmente se conoce que si son paranormales es porque se salen de la norma, pero verá usted mí estimado lector, esto toma un giro interesante cuando te enteras de que, el estudio formal, real y tangible de los fenómenos paranormales es igual de real que una sopa, pero mucho más real que una sopa con la leyenda *basada en hechos reales* en su etiqueta.

En este punto debo de confesar que cuando inicié a buscar evidencia sobre toda esta fenomenología paranormal, pensé en toparme con información limitada y vieja, pero para mi sorpresa, los investigadores actuales, sobre todo los de países desarrollados, han tomado con mucha seriedad estos temas, generando incluso líneas de investigación formales y ya en nuestros días han logrado desentrañar e incluso simular situaciones llamadas con anterioridad paranormales, pero en un entorno controlado como lo es un laboratorio.

Por otro lado, en países en vías del desarrollo, como de donde yo soy originario (México), la situación pinta distinto, ya que el desarrollar estas investigaciones en ocasiones se vuelve un lujo debido a las necesidades emergentes de otras líneas básicas como las inclinadas a la salud pública o seguridad.

De igual forma se debe mencionar que el tratar los temas paranormales en un contexto académico y formal, es casi un tabú para el investigador que se pueda jactar de llamarse científico. Estos temas se abordan usualmente con mucho prejuicio y trivialidad, que, en la humilde y subjetiva opinión de este autor (no olvidando mi poca validez subjetiva), es derivado de un profundo miedo a lo desconocido, tan propio del ser humano. Pero esto solo son especulaciones mías nuevamente. Pese a esto, algunos valientes científicos han arriesgado la pureza de su bata blanca y se han aventurado en darle explicación a estos fenómenos tan poco cotidianos y que hasta hoy en día siguen bajo grandes cortinas de misterio.

Por tanto, usted puede estar seguro mi estimado lector, que la evidencia sobre *fenómenos paranormales* no solo se basa en hechos reales, sino que está construida por el "aumento de realidad" que proporciona el método científico (del cual detallaré más adelante), haciendo en algunas ocasiones que el fenómeno sea tangible, como en el caso de un estudio en Suiza hace pocos años, sobre la sensación que tenemos cuando nos tocan la espalda sin que esté alguien presente detrás nuestro, también detallado en el texto.

Sin más preámbulos, le comento que usted tiene frente a sus ojos una obra que presenta los más recientes avances científicos en materia de lo que parece no poder ser cuantificado o medido. Y con la misma valentía con la que un niño mira bajo su cama para comprobar si existe o no un monstruo allí abajo, le invito a adentrarte en esta aventura junto con un servidor. Siempre con la cautela de un gato en un cementerio, con la curiosidad de un recién nacido, con la precisión de una probeta graduada y con el sigilo de un fantasma, un fantasma en un laboratorio…

Capítulo 1

Introducción al estudio
del fenómeno paranormal

1.1 ¿Qué es un fenómeno paranormal?

Para empezar, creo que mencionar una definición angular en este libro sobre lo que podemos considerar como *fenómeno paranormal*, es algo necesario. Al revisar la bibliografía existente, su servidor consideró la propuesta de Parra y Espinoza-Paul (2010) como la más ideal al respecto, debido a la claridad y sencillez con la que es expresada por dichos autores. Esta definición contempla a los *fenómenos paranormales* como "todo aquel fenómeno entendido como un conjunto de experiencias que ocurren entre organismos vivos y un medio ambiente, pero que, por su naturaleza en su mayoría desconocida, parecen contradecir el constructo espaciotemporal y energético que sostiene el paradigma científico moderno", o, dicho de otro modo, todo lo que la ciencia por sus medios contemporáneos no puede medir o identificar.

Como ejemplo hipotético podríamos tomar el caso de un electricista que va y repara un sistema doméstico en algún hogar. Este llega y se encuentra con que existe un fallo eléctrico que hace que la luz eléctrica se encienda y apague sola, pero que, para su sorpresa, después de hacer todas las reparaciones pertinentes, sigue presentando la falla de ida y venida de la luz eléctrica.

No se usted mi amigo lector, pero si fuera mi caso, una situación así me haría dudar, primero de si realicé bien mi trabajo, después de mi cordura si esas luces parecen casi tener conciencia. Puede que esto sea en muchas maneras desconcertante. Otro ejemplo más impactante e incluso fantástico puede ser uno parecido a los casos presentados en películas de exorcismos, donde el personaje principal es inicialmente observado por médicos, psiquiatras y demás profesionales de la salud, sin lograr un resultado en la mejoría de los pacientes. Ya sabes, uno de esos clichés de Hollywood. Conforme avanzan estos casos la posesión demoníaca se torna evidente cuando el poseso lanza objetos con la mente (telepatía), comienza a generar voces demoniacas o confunde a los exorcistas que tratan de ayudar usando trucos mentales donde adivinan cosas de sus pasados para afectarlos emocionalmente.

Para empezar, este tipo de filmes sacan a relucir el indirecto coqueteo de la ciencia por conocer más a profundidad este tipo de casos, pero debo agregar que ese estereotipo donde se presenta a los científicos como entes completamente inútiles y que todos sus estudios al final no logran ningún resultado con el personaje "poseído" son solo eso, ya que, en la vida real, muchos casos de supuestas posesiones se han explicado por brotes epilépticos o esquizofrénicos, por mencionar algunos. Lo que no deja de ser reales que es muy probable que este tipo de casos, incluyendo los documentados como los que no, no son escasos en la historia de la humanidad.

1.2 Dificultad del estudio objetivo

Algo que hace difícil el tratar de estudiar a los llamados fenómenos paranormales es la elusiva naturaleza no física de los mismos, ya que al no ser de propiedades tangibles (al menos en la mayoría de los casos se habla de situaciones anómalas que no son táctiles y a veces no gozan ni de la calidad de reales) es muy difícil que los científicos puedan poner sus instrumentos en marcha. No obstante, el aire y algunos otros componentes químicos no son del todo perceptibles por nuestros sentidos, pero aun así se sabe de su existencia y medición. ¿Aplicaría la misma lógica para los *fenómenos paranormales*? Este contraste es el que sigue animando tomar partida en la búsqueda de esta fenomenología.

Y es que seamos honestos, investigar las propiedades de la ceda como tela, no es lo mismo a investigar el material con el que se hizo la capa de invisibilidad de aquel famoso mago del rayo en la frente. No obstante, la dificultad para medir un objeto de estudio no es un problema nuevo para la valentía del método científico, ni lo ha sido exclusivamente al tratarse de *fenómenos paranormales*.

Es un hecho que cada disciplina científica cuando iniciaba en pañales pasó por este proceso. Incluso se podría decir que es parte fundamental del starter kit cuando se quiere formalizar una nueva ciencia o disciplina con investigaciones rigurosas. Al respecto de este tema también podemos mencionar que hace más de un siglo, la frenología era un tratamiento completamente novedoso que a alguien se le ocurrió como propuesta seria después de una ardua experimentación. Este método fue en su tiempo atinado, incluso aplaudido y coronado con un premio Nobel, pero ahora se conoce que este método de lesión inducida en el cerebro humano no es más que eso, una lesión inducida y atenta contra la integridad del individuo y su calidad de vida, sin importar si la persona tiene un padecimiento mental o no.

Esto ya ha ocurrido antes en el desarrollo de ciencias jóvenes, como la psicología, la cual no tiene mucho de haber logrado una defensa sustentable de evidencia científica formal. Un dato curioso es que las ciencias más innovadoras han sido creadas por medio de trabajos multidisciplinarios, siendo el desarrollo proporcional al esfuerzo y número de disciplinas que se encarguen de este.

Otra dificultad en el estudio de los *fenómenos paranormales* es su reputación para nada positiva creada por el imaginario colectivo y situaciones como las leyendas y las narrativas extraordinarias ligadas a la búsqueda de control poblacional por medio del miedo, porque en efecto, si algo nos causan estos temas es temor, más aún cuando se trata en la mayoría de los casos con aspectos de muerte o de la disolución del ser. Sin mencionar que en nada ayuda el hecho de que la evidencia actual reporte que la mayoría de los *fenómenos paranormales* se manifiestan durante la noche predominantemente en horarios entre 2:00 y 4:00 a.m (Pasinger, 2001). Si me preguntan, es un curioso y aterrador dato.

1.3 Patrones significativos: pareidolias

Otro factor importante es la confusión de hechos "realmente paranormales" por simple confusión o por falta de datos técnicos que expliquen cosas que parecen salirse de lo cotidiano. Esto pasa en gran número por cuestiones como las ilusiones sensoriales (las cuales profundizaremos más adelante) o cuando algún factor u organismo es introducido repentinamente en un entorno nuevo.

Por ejemplo, en algunos poblados de México, se han dado casos donde algunas especies de aves como el *Urutaú Común* (también conocida como ave fantasma), el cual es un ave con un aspecto particular de ojos y mandíbula grande que en determinadas situaciones o si no se tiene conocimiento de esta, puede lucir intimidadora.

Las características de estas aves las han hecho temidas y en ocasionen han sido quemadas y perseguidas porque según algunos lugares de México (desconozco si también en otros países) estas son "brujas" que se transforman para cometer crímenes. Por cierto, de las brujas hablaremos en capítulos adelante. Estas formas de pensamiento tan arraigadas solo han provocado que aves sean torturadas o quemadas vivas debido a supersticiones. Para más información sobre este caso, recomiendo el video publicado en el canal de *Youtube*, Oxlack Investigador (2014).

Aunque por supuesto, esto no es exclusivo de un país especifico. Si indagamos solo un poco en cualquier cultura del planeta, no tardaremos en encontrar que una de las piedras angulares de gran parte de las civilizaciones es la cultura, y estas regularmente vienen plagadas de leyendas donde seres, eventos o fenómenos paranormales se hacen presentes para explicar la realidad, siendo esta la función del mito por sí misma. Aparte de la cuestión cultural, puede que incluso en ocasiones nuestros sentidos se confundan y nos muestren realidades extrañas muy similares a lo que podríamos llamar *fenómenos perceptuales* o de confusiones que creamos en base a nuestras memorias, recuerdos o desconocimiento de la naturaleza de los estímulos que percibimos. Por lo que también son factores que debemos tener en cuenta.

Un ejemplo muy común y hartamente conocido, son los llamados espejismos, los cuales ocurren con regularidad en lugares desérticos, causados por las variaciones de temperaturas en el aire que modifican la densidad de este. Los humanos podemos percibir estas variaciones en imágenes visuales difusas que nos pueden confundir o hacer creer que algún estimulo real se encuentra a distancia; Puede que si alguien se encuentra perdido en un desierto buscando un poco de agua y un espejismo hace creer que un oasis o civilización se encuentra cerca, cruel creo que sería el adjetivo correcto para la hipotética situación.

No obstante, no es solo la percepción visual la que se puede ver alterada con fenómenos perceptuales. De hecho, le adelanto mí amigo lector, en el capítulo 3 de esta obra indagamos a profundidad en cada uno de los sentidos del cuerpo humano y sus potenciales distorsiones perceptuales, pero antes de llegar a eso, que le parece si iniciamos por definir en concreto de que van estos fenómenos perceptuales y como son nombrados. Este tipo de ilusiones son conocidas en el estudio de la percepción como *pareidolias*.

Las pareidolias, según autores como Chalup, Hong y Ostwald (2010), pueden ser definidas como "un fenómeno psicológico donde un estímulo vago o difuso, por ejemplo, una mirada a un fondo o textura no estructurada conduce a la percepción simultánea del patrón real y aparentemente no relacionado". Estos efectos perceptuales logran distorsionar rostros, formas o generan una sensación de falso movimiento o mareo en la persona que la sienta, aunque seguro que por la incomodidad que genera, pocas personas estarían dispuestas a esperar y cuestionarse la naturaleza de los eventos que les causa la ilusión o si es o no en efecto algo que pareciera un *fenómeno sobrenatural*.

Pero sin importar la naturaleza del evento, situaciones parecidas a estas generan experiencias específicas en las personas que las viven. La ciencia actual se ha interesado en estudiar el vínculo entre salud y experiencias espirituales/paranormales, llegando a la conclusión de que, aunque estas experiencias puedan lucir transitorias o aisladas, casi siempre generan un enorme impacto en las personas que las experimentan, según datos de Parra (2008).

Este mismo autor agrega que para la mayoría de las personas, una experiencia paranormal puede atemorizar o causar ansiedad siendo el temor una reacción inicial relativamente común hacia la experiencia paranormal, la cual lleva a las personas que reportan haber experimentado tales eventos buscan ayuda en amigos o familiares, o ayuda profesional (psicólogos y médicos) o religiosa por sus experiencias.

De hecho, podríamos considerar el replantear en gran medida el si realmente estas experiencias están catalogadas como aislados por su naturaleza supuestamente paranormal o por el sesgo científico de que si estos son llamadas paranormales no se tienen que tomar en serio y por ende no son tratadas como materia seria de estudio científico formal.

1.4 Los sesgos de la ciencia por el fenómeno paranormal

Temas tan espinosos como lo son los *fenómenos paranormales* no la han tenido para nada fácil al momento de tratarlos bajo el lente de la investigación científica formal. La situación se torna aún más complicada para los científicos que consideran estos temas como viables de estudio y es que si no van con cuidado al momento de plantear o sustentar un estudio sobre fenómenos paranormales, pueden ser criticados de forma enérgica por los otros científicos que consideran a la fenomenología paranormal como temas poco viables, poco importantes o bien, temas con poca seriedad o triviales.

No estoy diciendo con esto que la ONU deba retirar sus fondos en áreas como salud pública o estudios de epidemiologia y darlos de lleno a los estudios del fenómeno paranormal. Sino que, para ser justos, los estudios de estos últimos por lo regular nunca gozan de fondos siquiera, casi como si se tratara de una especie de discriminación o descalificación en general.

Pero ¿cuáles pueden ser los motivos a profundidad por los que la ciencia no gusta del todo en indagar en los *fenómenos paranormales*? Como usted ya sabe y vengo mencionando varias veces a lo largo del texto y aunque no tenga evidencia de esto, su servidor se inclina por especular sobre la posibilidad de la existencia de una especie de miedo primitivo y una lucha de poder implícita.

Esto que menciono podría tener algo de sentido si ponemos a contra luz el hecho de que la ciencia *per sé*, busca respuestas pero aunque la generalidad de la ciencia es poder tomar cualquier fenomenología y volverla entendible explorando en su naturaleza, debemos entender que si el método es de esta forma es para conocer resultados que crean respuestas reales y aplicables, ya que a "mayor conocimiento mayor será el poder que pueda ejercer sobre la variable o fenómeno estudiado" sin importar cuál sea este.

Esto naturalmente deriva en reducir o erradicar el peligro de cualquier fenómeno que se esté estudiando respecto al ser humano. Pero la verdadera molestia (y terror) surge cuando los resultados no solo son negativos en un estudio, sino cuando los resultados no me brindan certeza, ni medición, o si no son tangibles. Es aquí cuando *lo normal se vuelve paranormal*, es decir, que no encaja del todo en la forma cotidiana de ser medido o comprendido y claro, esto sin duda causa un terror profundo en la psique humana tan acostumbrada a controlar. Por cierto, que esta necesidad de control en las variables se haya desarrollado de esta forma no ha sido del todo negativo ni mucho menos dañino para el crecimiento humano. Siendo claros, en materia de dudas, la ciencia "formal" tiene verdaderas bases para dudar de los *fenómenos paranormales* cuando se atreven a estudiarlos bajo métodos estandarizados.

La primera razón es que estos tienen en su mayoría una explicación racional demostrable, pero insisto, el problema es cuando ni con un aparato calibrado puedo explicar, por ejemplo, cuando una pared de alguna casa supuestamente hechizada sangra o cuando los objetos flotan sin razones magnéticas. Otro punto delicado, pero con mucho potencial sobre el trato de la ciencia formal con el estudio de los *fenómenos paranormales* radica en que estos últimos no cuentan con una profesión en específico que los estudie porque no existe una metodología en concreto a seguir. Al menos no una oficialmente "científica".

Por ejemplo, si quisiéramos generar un estudio sobre telepatía en gemelos ¿cuál disciplina podría estudiar objetivamente fenómenos de telepatía? Bueno, de ser honesto en este momento no se me viene a la mente una disciplina única que se especialice en estos fenómenos con el rigor científico necesario para ser llamado ciencia (por supuesto, estoy dejando de lado la parapsicología y seudociencias similares), sino que es probable que un estudio de este tipo solo pueda ser realizado por medio de un trabajo multidisciplinario que controle el mayor número de variables para obtener una respuesta empírica del fenómeno estudiado. Aquí es donde yace uno de los mayores potenciales para el estudio de los *fenómenos paranormales*, y es que el pensar en el nacimiento de una nueva disciplina científica que contenga normas reguladas por más de una corriente teórica o filosófica, deja en claro la seriedad y la complejidad que requieren los *fenómenos paranormales* si se quieren estudiar de forma objetiva.

Aunque por ahora, para los profesionales que cometen la osadía de generar estudios de este tipo, sino tienen cuidado, se les tacha inmediatamente con el mote de seudocientíficos y aun cuando usen medidas pertinentes para sus estudios, con el solo hecho de mencionar que se trata de *fenómenos paranormales* los que se tratan de estudiar, se tienen a mirar con recelo, como si estos temas fueran casi tabúes para los científicos. Cuando un científico descalifica a otro con el mote de seudocientífico, tiene el mismo efecto en la comunidad científica que cuando se señalaba a alguien de bruja durante las persecuciones ocurridas durante el periodo de la Inquisición.

En el caso del científico señalado puede que no muera, pero es muy probable que su trabajo pierda prestigio y no se le tome en serio. ¿todo por qué? por atreverse a no respetar los tabúes impuestos. Es aquí cuando no se sabe si se habla de valentía o de imprudencia en los casos de estos científicos que han decidido tratar de experimentar con la fenomenología paranormal. Pienso que es un poco de ambos… y lo agradezco.

Respecto a lo de los sesgos, lo asocio también con un miedo profundo a *no tener la respuesta*, lo cual, si lo ponemos en perspectiva, sería un sesgo raíz en cualquier investigación científica. Y claro, que mis datos empíricos no puedan dar una respuesta por más comprobable que sea. Seguro puede dar miedo al científico no tener control o que los estadísticos no logren un nivel de significancia, pero hay que recordar siempre que todos estos son factores que, si bien son humanos y muy naturales, deben de contemplarse con humildad porque siempre será una posibilidad el no tener la respuesta y no poder explicar algo.

Por supuesto, no negamos que sea difícil el intentar entrar en un terreno nuevo de estudio, para empezar el primer problema sería encontrar pruebas, ya que casi siempre cuando alguien afirma ver algún *fenómeno paranormal* a veces la única evidencia es la buena fe del testigo que vivió la situación.

Incluso pudieran ser varios testigos y aun así seguiría siendo evidencia tentativa y mucho muy subjetiva, porque siempre la experiencia dependerá del cristal con que se mire, excepto claro, cuando se trate de algo tangible y medible, como lo que tanto agrada a la ciencia convencional, que por supuesto tiene mucho sentido ya que esto es parte de desmitificar las experiencias aparentemente sobrenaturales porque gran parte de los fenómenos como ya dijimos, siempre tendrán explicación lógica.

Capítulo 2
Un mago en el laboratorio:
Bases del estudio del fenómeno paranormal

Este segundo capítulo se muestran las bases (a veces indirectas) del estudio de los *fenómenos paranormales*. Como brevemente mencionaba Enel apartado anterior, tomando en cuenta un poco de material en el terreno de lo místico, lo filosófico y lo científico, trataré de explicar con la mayor claridad posible, las disciplinas y definiciones básicas que sirven de soporte en el estudio de los *fenómenos paranormales* para darte un antecedente firme en la lectura de esta obra.

2.1 Pensamiento mágico, animismo y seudociencia

Si usted tuviera que elegir,
¿preferiría ser un mago o un científico?

Supongo que la respuesta a esta pregunta varía bastante de persona en persona, pero es seguro que su cerebro inmediatamente arroja imágenes mentales para buscar definir estas dos disciplinas del saber humano. Por supuesto, esto es un proceso automático y basado en nuestros conocimientos previos, pero lo que si tiene presencia a mayor escala es el juicio social, ya que si se eligiera de forma "seria" el ser un mago y graduarse en una escuela de hechicería, seguro tus padres sacarían una cita con el psiquiatra antes de que te llegue tu carta de aceptación. El psiquiatra te diagnosticaría y este tendría toda la credibilidad frente a tus padres por ser científico y no mago.

Al respecto, le comento que la ciencia no tiene la culpa de esta "discriminación" esto ocurre cuando no se tiene información previa de algún fenómeno, generalmente por ese miedo a lo desconocido tan propio de nuestra especie.

Este tipo de situaciones se da en mayor intensidad con los *fenómenos paranormales*. Por ejemplo, seguro va a ser sorprendente enterarte de que los más grandes defensores al momento de borrar líneas divisoras entre la magia y la ciencia han sido grandes genios de la historia. Un par de claros ejemplos son el estudio de la astrología realizado por Kepler y la existencia de los tratados alquímicos de Newton. Podríamos incluso llamarlos los primeros magos-científicos de la historia.

Ahora bien, expertos como el antropólogo social Stanley Jeyaraja Tambiah (1992), hacen hincapié en su obra sobre que estos sabios no desvariaban ni mucho menos, sino que ellos utilizaban las herramientas que consideraban adecuadas para sus trabajos en particular, buscando el conocimiento no en el avance científico propiamente, sino enfocándose en la recuperación de antigua sabiduría de sabios como Pitágoras y Hermes Trismegisto. El doctor Tambiah comenta que hoy en día, la mayoría de las personas asumen de forma casi automática que la ciencia y la razón son superiores a las concepciones mágicas o de lo oculto.

Esto genera la trivialización del estudio de la magia (incluso del estudio que emplea el método científico) y hace ver a la ciencia más como un dogma incuestionable que como un método de comprobación. Es importante mencionar que ambas disciplinas han sido parte de la humanidad, compartiendo una dualidad que permite el enriquecimiento una con la otra y con presencia desde tiempos inmemoriales, ambas con el fin de explicar los fenómenos naturales y los que no parecen tan naturales.

Por ejemplo, en 1974, Malinowski, Redfield y Pérez-Ramos detectaron actos en aborígenes que, se asocian siempre con creencias en fuerzas sobrenaturales, primordialmente las de la magia, o con ideas sobre seres, espíritus, fantasmas, antepasados muertos, o dioses.

A la par, los investigadores fueron testigos de que, en la cotidianidad de estos pueblos, sin quererlo ni buscarlo, existía la presencia de un rudimentario método científico, presente en las medidas que emplean para delimitar los espacios de naves durante la pesca, aplicando principios de física en la estabilidad y en la resistencia de dichos navíos.

Tenemos entonces científicos haciendo magia y magos haciendo ciencia. Pero le agradara a usted saber que no se trata de un tipo de oscurantismo moderno ni mucho menos, ya que poco a poco en la actualidad, se comienza a reconocer la relevancia que tiene la creencia magia en el ámbito de las ciencias.

Las ciencias médicas son un buen ejemplo de ello. Por ejemplo, la Asociación Psiquiátrica Americana, ha incluido en su manual diagnóstico una sección donde se señala la necesidad de que el médico considere, al decidir el diagnóstico y tratamiento del paciente, las creencias del ámbito cultural específico de este último; ya que, de no ser así, puede suceder que el médico tome decisiones erróneas sobre el manejo de su paciente, basadas en un diagnóstico potencialmente inadecuado (Petra-Micu y Estrada-Avilés, 2014). La cultura por supuesto, contienen un fuerte arraigo sobre lo místico y lo científico muy a la par y muchas veces sin siquiera razonarlo.

Este conocimiento viene dentro de nosotros, donde surge el debate de temas como la existencia del "alma". No creo que algún ser humano sin importar su credo pueda explicar concretamente que es el alma. Lo mismo va para los hombres de ciencia, quienes tampoco han podido dar una respuesta sobre el tema. No obstante, si conocemos su origen, e cual se deriva del estudio del llamado *animismo*, el cual entra en el acto en este momento.

El *animismo* se puede interpretar como cualquier creencia o atribución de "alma" a un objeto o ser, que en un contexto "realista" no es observable. Esto ocurre mucho en la infancia cuando le damos vos y escenario a juguetes o dinámicas de juegos. En la edad adulta se puede asociar con la atribución de magia, poderes a la naturaleza o las creencias culturales.

Retomemos como ejemplo las prácticas de los Yukaghirs del noreste de Siberia, quienes practican una religión del tipo animista. Los Yukaghirs afirman ser parte de un reino de transparencia y lucidez, donde las personas pueden tomar muchas formas que se proyectan en los animales que cazan, en los ríos que pescan y en los espíritus que encuentran en sus sueños (Willers-lev, 2007).

Como vemos, la aplicación del método científico en el estudio de los fenómenos sobrenaturales ligados a la humanidad ha sido fundamental para plantear un punto de partida en el entendimiento de estos. Gracias a la aplicación del método científico casi cualquier tema puede ser estudiado, pero siempre con el fin de lograr avances en el saber del hombre no para lastimar o perjudicar; Cuando ocurre un estudio que no cuenta con el rigor científico necesario para aportar algo a la humanidad, se conoce con el nombre de *seudociencia*.

Y es que de por sí ya es difícil lograr credibilidad científica en el estudio del fenómeno paranormal. Imagina ahora sabiendo que existen "investigadores" que generan estudios con pocos cuidados y dando resultados supuestamente asombrosos de descubrimientos enormes, que curiosamente, no están al alcance de todos. Autores como Marcos y Rovira (2014) comentan que los estudios seudocientíficos es uno de los más urgentes e importantes problemas a los que se ha de enfrentar la sociedad actual, ya que este fenómeno, entendido de manera genérica como 'falsa ciencia', va en expansión.

Ya desde hace más de dos décadas el auge de este fenómeno era evidente. Para Silva-Aycaguer (1997), el efecto de los estudios seudocientíficos es tal, que a veces las personas optan por el empleo de productos fuera de estándar, como lo pueden ser medicamentos (los llamados naturistas) aun cuando estos pudieran no ser beneficiosos para su salud. También recuerde que no es que la ciencia formal sea rígida o niegue "realidades", sino que se mantiene con el propósito firme en la búsqueda de la predicción de los fenómenos por medio de datos medibles, cuantificables y refutables, solo de esta forma la ciencia ha llegado a metas y ha cumplido objetivos y expectativas nunca vistas o soñadas, la pseudociencia por tanto, opone su propio crecimiento y detiene al auge científico.

A diferencia del nivel de profesionalización de las prácticas seudocientíficas como la homeopatía, donde más que apoyarse en datos concretos, se basa en la colaboración directa de grandes sectores sociales como son la publicidad, los medios de comunicación, las distribuidoras y las empresas privadas (Marcos y Rovira, 2014). De nuevo, en el estudio del *fenómeno paranormal* la situación es similar, ya que estudios seudocientíficos solo fomenta el desprestigio de los estudios que por el contrario sostienen un rigor científico respecto a estos temas.

2.2 Superstición, creencias, espiritualidad y fe

Otra raíz del fenómeno paranormal viene de eventos que se repiten con el paso del tiempo y a través de las generaciones (Ballesteros, 2002). Digo, ¿quién no conoce a alguien que no abre un paraguas dentro de la casa ni en broma o que trata de distanciarse de los gatos negros porque atraen la mala suerte? Justo es de lo que va la superstición o pensamiento supersticioso, el cual sigue siendo muy común aun en la sociedad actual, al igual que el pensamiento mágico/religioso (del Campo-Rios, 2015). Lo cotidiano de esto es tal, que hace poco se realizó un comparativo del nivel de superstición en beisbolistas profesionales entre Estados Unidos y Japón, y aunque los resultados indican que los beisbolistas norteamericanos son más supersticiosos, ambos grupos reportan la creencia de que la suerte afecta su rendimiento durante el juego (Burger y Lynn, 2005).

Aquí entran en juego las creencias, las cuales pueden ser de alguna forma definidas como ideas preconcebidos en la vida y cotidianidad de cada persona o grupo de individuos ya sea en una comunidad o de forma aislada. De esta forma, una creencia puede o no tener conocimiento que justifique su existencia (Moya, 2004).

El sistema de creencias más frecuente se encuentra en las instituciones religiosas, donde se pueden articular principios y causas para las creencias sin necesidad de una evidencia, pero siempre con la necesidad de tener una creencia. Esto aplica tanto en lo referente a fenómenos concretos como espirituales o paranormales. También hay que recordar que la religión constituye un conjunto de saberes acumulados y ordenados metódicamente, aunque tal vez no de la misma manera que la ciencia (Scharrón del Río, 2010) pero con la misma importancia para el saber humano. Puede que por ello estas prácticas se sigan replicando y practicando en diferentes modalidades a lo largo del planeta.

Pero para lograr una creencia o poder hacerse llamar "creyente" es necesaria la llamada *fe*, la cual podríamos interpretar como un constructo subjetivo y personal en el que se apoya la existencia y los eventos paranormales o espirituales de forma directa en la creencia en entidades, objetos o situaciones que las personas podemos considerar sagradas, lo cual nos proporciona una especie de nexo con el universo de lo espiritual, lo cual tiene hoy en día su principal fuente en las culturas y los pueblos del mundo, sus cosmovisiones, conocimientos y prácticas (Toledo, 2003).

2.3 Ciencias del cerebro y sus nuevas formas de estudio

Como última pieza clave en los antecedentes del estudio de los *fenómenos paranormales*, se encuentra el estudio del cerebro humano, el cual ha tenido un auge enorme durante este siglo y finales del siglo pasado. Una pauta importante surge allá por 1994, cuando es publicado un controversial libro que lleva por título *El error de Descartes: la razón de las emociones*. Este título es escrito por nada menos que el eminente neurólogo portugués Antonio Damasio, quien fuera premio Príncipe de Asturias en el año 2005 y entre sus páginas lanzaba una contradicción directa y sin rodeos a uno de los grandes pensadores de la historia de la humanidad, Rene Descartes.

El postulado de Damasio fue simple pero contundente: La propuesta de Rene Descartes sobre la dualidad representada por el alma y el cuerpo o bien, por la mente y el cuerpo, ya no se puede considerar como válida en nuestros días ya que en la actualidad los avances en materia de los estudios del cerebro y sus funciones hacen que la balanza se incline a la sustitución del término "mente" por cerebro, es decir, que el paradigma debe ser cerebro y cuerpo, refiriéndose al término "mente" como vago para una época donde ya se conoce que gran parte de las expresiones del comportamiento se derivan directamente de la función cerebral. Pero no fue solo necesario un cambio en la idea general sino en la forma de estudiar el cerebro humano y sus capacidades lo que inicia a caracterizar este siglo, dando pie a que surjan las llamadas neurociencias en este siglo.

Las neurociencias se pueden definir como el estudio del funcionamiento cerebral desde un punto de vista multidisciplinario, contando con disciplinas tan diversas como la física, la química, la biología, la neurología, la genética, la ciencia informática, la psiquiatría y la neuropsicología. Todas estas aproximaciones, dentro de una nueva concepción de la mente humana, son necesarias para comprender los procesos mentales, particularmente los más complejos como la inteligencia, la conciencia, la personalidad o las emociones (Ustárroz, 2011).

No obstante, se debe tener cuidado con estos términos, ya que en años recientes se ha presentado una dura crítica respecto al exceso del uso de "lo neuro" para destacar los trabajos científicos por una terminología, más que por la efectividad de los trabajos, es decir, trabajos seudocientíficos. Por comentar algunos, García-Albea (2011) menciona ejemplos como el llamado *neuromarketing*, la *neuropolítica*, *neuroética*, la *neurofilosofía*, la *neuroteología* o la *neuropsiquiatría*, por mencionar algunas.

A manera de conclusión en este capítulo, podemos decir que el pensamiento mágico y la ciencia son vigentes y necesarios para la expresión humana aun en la actualidad. También podemos mencionar que la ciencia existe aún en condiciones muy básicas o primitivas, de forma casi instintiva; el animismo es una conexión con la naturaleza; la superstición tiene su razón de ser y tiene presencia tanto a favor como en contra; una creencia puede estar o no, justificada por factores reales; la espiritualidad viene de la mano de factores culturales y sociales; la fe es un constructo subjetivo y totalmente personal; la ciencia es medible, cuantificable y refutable, a diferencia de la seudociencia que se apoya en ideas sin comprobar y muchas veces solo en ideas de marketing para crear ventas de productos o ideas; el paradigma actual en el estudio del cerebro humano y comportamiento dejo de ser mente/cuerpo ahora es cerebro/cuerpo y finalmente que la neurociencia es el conjunto de disciplinas que estudian el cerebro.

FANTASMAS EN EL LABORATORIO

Capítulo 3
Sensación y Percepción
de los fenómenos paranormales

3.1 *La interpretación de los estímulos*

Otro punto de rechazo de la ciencia hacia el estudio de los *fenómenos paranormales* surge en el hecho de que todo tipo de rendimiento y procesamiento de nuestros sentidos respecto a la interpretación de los estímulos de nuestro entorno son limitados. Este se debe no a un déficit sino a una especie de límite que la evolución nos ha puesto para adaptarnos, teniendo una calibración justa para todas las necesidades humanas actuales.

Por ejemplo, de nada me serviría tener un oído súper sensible en urbes repletas de gente y ruidos fuertes, o tener la habilidad de recordar todo lo que veo en un día de forma precisa y a detalle. Nuestros sentidos hablan de practicidad y de supervivencia. Lo que si es cierto es que limitados o no, estos siempre están allí dispuestos para defendernos de toda amenaza. Sea normal o paranormal.

Esto puede ser debido en gran medida a que en nuestra especie el desarrollo cognitivo ha tenido dos vertientes. Por una parte, el desarrollo del llamado "cerebro reptiliano" pero por otro, nuestra parte de primate "superior", el desarrollo de los lóbulos frontales. Estos están situados como su nombre lo indica, en la parte frontal de nuestro cerebro y tiene la particularidad de ser más grandes a diferencia de cualquier otra especie conocida, pero más allá de su tamaño, son las funciones que estos poseen, las cuales van desde la atención o memoria, hasta el desarrollo de tareas concretas y estrategias, así como de la toma de decisiones, la abstracción y la planeación, siendo todo esto vital para nuestro desarrollo.

En simples palabras, el desarrollo de esta parte de nuestro cerebro fue los que impulsó en determinado momento a nuestros antepasados para tomar una piedra y un palo y de la nada crear un martillo (Ardila, 2008). Puede que sean limitados, pero nuestros sentidos siguen siendo el resultado de años de especialización selectiva.

Debido a esta limitación intencionada, nuestros sentidos son presa fácil de sesgos y de errores preceptúales y como ya te imaginarás mi estimado lector, uno de las explicaciones más comunes que se les da a los *fenómenos paranormales* es que se tratan justamente de errores en la percepción o de estímulos casi fugases que no logran ser procesados del todo por nuestro sistema y que junto a las experiencias previas de cada persona formarían las ilusiones o experiencias confusas que a falta de alguna explicación, terminamos siendo interpretadas como potenciales experiencias paranormales. El no tener el control nos aterra, por lo que el no saber que es lo que están procesando nuestros sentidos puede generar zozobra en las personas al no tener una explicación y al tener sus sentidos en alerta cuando el potencial evento ocurre.

Esto es un factor muy importante al momento de hablar de los *fenómenos paranormales*. Por supuesto, esto ya se ha estudiado y con esto, este "gol" se lo lleva la ciencia comprobando desde hace ya más de una década que el miedo se procesa en el lóbulo temporal (justo arriba de nuestras orejas), en el sistema límbico donde se procesan las emociones en el llamado cerebro reptiliano o cerebro primitivo, llamado así por contener nuestras respuestas instintivas de supervivencia, las cuales compartimos con casi la mayoría de las especies del planeta. Es entonces que al sentir peligro que altere nuestros sentidos, nuestro cerebro reacciona y puede activar mecanismos fisiológicos de defensa.

Por ello, más allá de nuestras creencias, más que nuestros pensamientos, el primer impacto viene de parte de los sentidos del cuerpo. Pero esto siempre será con motivo de supervivencia ya que, si no procesáramos los eventos que nos provocan temor de esta forma, seguro nuestras posibilidades de sobrevivir ante los fenómenos de nuestro entorno, sean naturales o paranormales, serian menores. Solo por no poder procesar los eventos mismos.

Hablando un poco sobre supervivencia, siempre he sido de la creencia de que, si en algún momento usted o yo viéramos un ser extraterrestre real, nuestra reacción sería más bien ofensiva más que defensiva, esto debido al miedo provocado el cual nos vuelve de muchas maneras irracionales. De tal forma que, aunque el ser extraterrestre viniera con todas las mejores intenciones, sería poco probable que le preguntáramos algo, no antes de ya estarlo agrediendo para posteriormente poder huir. Esto se debe en gran medida a razones del tipo neurobiológicas de nuestro organismo y se especifican también capítulos adelante.

Por otro lado, no podemos dejar de mencionar que, aunque no sean ojos de águila u olfato de lobo los que poseemos, ciertamente es posible desarrollar nuestros sentidos por medio de estimulación y entrenamiento. Por ejemplo, se sabe que un músico puede desarrollar su oído a niveles asombrosos al igual que la sensibilidad de su tacto con algún instrumento musical; De igual forma, un catador de vino puede degustar y perfeccionar su olfato y gusto; O bien, el desarrollo de la precisión de un arquero en relación con la distancia y la dirección a la que lanza su flecha. Igual de importante es la mención de personas que no tienen algún sentido o lo tienen limitado por alguna lesión o enfermedad. Estas personas destacan por desarrollar compensaciones en sus otros sentidos respecto al sentido faltante.

Por ejemplo, una persona invidente compensa la falta de vista con un agudo oído o personas que no pueden caminar, se compensa con fuerza (si se entrenan) en los brazos para movilizarse. Esto es debido a la plasticidad cerebral la cual genera nuevas conexiones sinápticas en las neuronas cuando se presenta alguna lesión en estas áreas.

Aunque es cierto que estas capacidades pueden desarrollarse en mayor o menor cantidad dependiendo de cada persona. Pero desarrollada o no, el hecho es que nuestros sentidos presentan constantemente muchos errores de interpretación. Por ello en la parte restante de este capítulo mostraré algunas de las interferencias sensoriales más frecuentes que pudieran ser interpretadas como *fenómenos paranormales* cuando no se tiene el conocimiento previo, y que como verás a continuación, en la actualidad se sabe gracias a la ciencia que no son para nada de naturaleza paranormal, sino justamente efectos e interpretaciones perceptuales.

3.2 ¿Qué es lo que realmente vemos?

El primer sentido en el que profundizaremos es el sentido de la vista. Este se destaca como el sentido de interpretación por excelencia en nuestro cuerpo sin importar mucho si se trata de interpretaciones de baja calidad o por descuido.

Se podría decir que es el sentido de "contacto" con el mundo, poéticamente hablando, como un portal sensorial del exterior (señal de input) que manda información hasta nuestro cerebro, que luego se procesa en nuestros sentidos (en este caso la vista), para luego generar lo que subjetivamente pudiéramos llamar como una experiencia sensorial (señal de output).

Es fácil relacionar al sentido de la vista con temáticas que parecieran paranormales. Esto se debe en mayor medida a que posee por sí mismo rasgos que parecieran de este tipo por su singularidad y dificultad de ser explicado. De hecho, los misterios oculares han sido un tópico de estudio desde que la ciencia se considera ciencia. Pero es gracias a avances científicos que algunos misterios que consideramos paranormales ya han sido resueltos o cuando menos se tiene un panorama con mayor claridad. Por ejemplo, la percepción del tamaño, el cual explico a continuación.

3.3 *El tamaño sí importa*

Otros tipos de misterios surgen con los avistamientos de supuestos animales raros o desconocidos, por ejemplo, el mítico *Nessie*, *Pie Grande* o el *Mothman* (hombre polilla). Todos estos casos han tenido infinidad de avistamientos, pero en todos los casos resalta una variable en la que no es muy frecuente que los testigos se pongan de acuerdo, me refiero al tamaño de lo avistado.

Por ejemplo, algunos reportan que *Pie Grande* mide más de tres metros, otros que mide dos y otros tantos que mide ¡más de 5 metros! Por supuesto, esto depende de muchos factores que pueden influir en la experiencia de ver algo tan fantástico.

Para empezar, hay que verificar el ángulo desde donde se aprecie el supuesto críptido, la distancia a la que se realiza el avistamiento, el lugar o entorno donde ocurrió el evento, el clima del lugar donde se da el evento (imagine lo terrorífico que ha de ser ver a *Nessie* en medio de la lluvia), entre muchas otras situaciones posibles.

No obstante, el factor con mayor impacto durante un avistamiento de "lo que sea", es probablemente el miedo. Y es que no creo que, al ver una criatura como un *Pie Grande*, lo primero que se pase por la cabeza de un aterrado testigo sea medir objetivamente la experiencia. Para nada. Es muy probable que lo que uno pueda intentar hacer sea ponerse a salvo de inmediato utilizando nuestra herramienta evolutiva *Fight or Fly*, ya sea para atacar o huir... Aunque bueno, dudo mucho que sea abundante el número de personas que se pondría a pelear con un *Pie Grande*, de llegar a existir este. ¿Pero que dice la ciencia de esto?

En años recientes, investigadores como Van der Hoort y Ehrsson (2014) han puesto a prueba como el ojo humano percibe el tamaño de las cosas, encontrando que variables como la edad son factores que modifican la forma en la que nuestro cerebro interpreta el tamaño de los objetos o distancias. Estos investigadores del Instituto Karolinska en Suiza plantean el ejemplo de un adulto que ve después de un tiempo un juguete que no veía desde su infancia, puede parecerle más pequeño de lo que se recuerde, parte por el factor tiempo, parte por el factor edad.

De igual forma reportan que las señales por movimiento, señales pictóricas como el tamaño de objetos que vemos a diario, el tamaño relativo de las cosas, textura y la perspectiva lineal, son todas señales visuales derivadas de la información en la retina donde son procesadas, concluyendo que el enfoque de localización visual que representa la percepción visual es muy parecido a una cámara de video, porque solo enfatiza las señales visuales sin tener en cuenta la presencia de un cuerpo o un objeto frente a este, casi en automático.

Ese mismo año pero del otro lado del mundo, concretamente en Estados Unidos, surge un estudio producto del trabajo multidisciplinario de varios departamentos de las ciencias de la salud de la Universidad de Stanford (McClain; et al, 2014) donde se investigó la vigencia del efecto denominado "Ilusión de Del-boeuf", el cual es una ilusión óptica muy conocida por poner el ejemplo de dos círculos, uno más pequeño de color negro, dentro de otro más grande de color blanco, dando una ilusión de profundidad al ojo humano.

Este estudio relacionaba la percepción visual en un contexto nutricional (no era broma que era multidisciplinario), donde se buscaba probar que la forma en la que una persona puede percibir el ancho de un plato puede hacer que la percepción de la cantidad de porción de comida en estos varié de persona en persona. La tarea consistía en que los participantes observaron una serie de diversas imágenes fotográficas de placas emparejadas, una al lado de otra, que variaban en diseños y cantidades de alimentos, pidiéndoles a los participantes que dijeran en cual plato contenía más comida. □

3.4 Dinosaurios fantasmas, monstruos en el espejo

Retomando un poco el tema de los avistamientos "imposibles", ocurre que otra situación interesante en los avistamientos de *Pie Grande* o de <u>*Nessie*</u> son precisamente las llamadas *pareidolias* (recordemos que son percepción errónea de un estímulo de las que hablábamos en el capítulo 1). Lo que se sabe de estos supuestos seres es en gran parte derivado del conocimiento de leyendas o de cuentos que se transmiten de boca en boca, no existe un consenso formal de cómo son oficialmente estas criaturas.

En el caso de *Nessie*, algunos testigos dicen que la criatura tiene el cuerpo de una serpiente, otros que es más similar a un *plesiosauro*, incluso que se trata de un demonio acuático como el *Kelpie*. Dejando al lado colores o formas, lo que es muy cierto es que *Nessie* es y será siempre el mejor ejemplo para una pareidolia ya que desde que se desató la fiebre de los avistamientos en el Lago Ness, los turistas llegan a Escocia con la clara intención de avistar a la criatura con sus cámaras o celulares, es decir predispuestos.

Si estos turistas llevan con el objetivo de buscar "algo parecido" a lo que los medios, noticias y leyendas manejan como *Nessie*, es muy probable que comiencen a ver a *Nessie* por todos lados. Por supuesto, la ciencia no descarta nada, y siempre está la posibilidad de que se trate en verdad de una especie real y que alguien tenga la suerte (aunque remota, hablando en términos estadísticos) de avistarlo y así reportarlo formalmente. Mientras tanto podemos deleitarnos con abundantes noticias de gente que ha confundido un avistamiento de *Nessie* con troncos flotantes, nutrias, peces, basura o que incluso ha falseado videos de supuestos avistamientos. Pero pasemos ahora de las pareidolias a las percepciones distorsionadas.

Hago la introducción a un increíble estudio del 2010 publicado en la revista *Perception* donde Giovani Caputo, investigador del departamento de psicología de la Universidad de Urvino en Italia, describe un experimento donde presenta lo que él ha denominado el fenómeno de "la cara extraña en el espejo". En este estudio el investigador y su equipo aislaron a 50 personas en una habitación con luz tenue y con un espejo de 50cm x 50cm, en aplicaciones individuales.

El experimento consistió en observar fijamente el espejo durante periodos de 10 minutos. Si hablamos de distorsión perceptual, es muy probable que este sea por mucho el estudio más icónico, ya que los participantes de este estudio describen experiencias curiosas y en parte aterradoras; obteniendo que un 66% de los participantes describen que vieron en el espejo como su rostro se deformaba, otro 18% indicaron que vieron el rostro de alguno de sus padres pero con rasgos modificados (de los cuales el 8% todavía tiene a sus padres con vida y el 10% fallecidos), otro 28% reportan ver una persona desconocida en el espejo, otro 28% describe un rostro arquetípico, como de anciana, un niño o el retrato de algún antepasado, otro 18% describe ver la cara de un animal y un aterrado 48% describió ver seres fantásticos o monstruosos.

Debemos mencionar que este estudio al parecer no tiene repercusiones más allá del susto que pudiera ocasionar a quien lo lleve a cabo, pero siempre es necesario recordar que este es un estudio con todos los cuidados éticos posibles y que no debe ser realizado sin un profesional. Claro está, a menos que quiera exponerse a un terrible susto sin supervisión. En estudios posteriores Caputo y sus colaboradores (2012) ponen a prueba el efecto de "La cara extraña en el espejo" en pacientes con esquizofrenia, obteniendo que en efecto, la presencia de este tipo de ilusiones visuales es mayor en personas con esquizofrenia a diferencia de personas que no la padecen.

El trabajo de Caputo, es el modelo actual del llamado *Psicomantium* el cual fue una técnica de reflexión de espejos desarrollado por Raymond Moody en 1992, donde se buscaba contactar a personas fallecidas y comunicarse con estas. Gracias a estas actualizaciones, ahora sabemos que se tratan de ilusiones perceptuales perfectamente manipulables.

3.5 *¿Se sienten las miradas?*

En materia de sensaciones, una de las más célebres y escalofriantes que se ha asociado con una fenomenología paranormal es esa extraña sensación donde vas por la calle o estas en algún lugar totalmente cotidiano y sientes como si alguien te estuviera observando.

La ciencia relaciona generalmente esto como una simple paranoia derivada por infinidad de causas cognitivas o ya en sus expresiones más intensas con algún trastorno mental, pero se hace el hincapié en que esto solo es una sensación no necesariamente un fenómeno en el que dos cuerpos interactúan a distancia, ya que, para empezar, no existe pruebas que confirmen lo contrario… ¿o sí existen?

Quien ha tomado cartas en el asunto, es el afamado biólogo, bioquímico y divulgador científico Rupert Sheldrake del Trynity College en Cambridge, quien desde la década de los noventa inició el estudio formal y científico sobre la sensación de sentirse observado, la cual, en ciencia es conocida como *scophastesia*.

Utilizando una metodología basada en el comparativo de dos países distintos; Con una muestra tomada en Estados Unidos y Alemania realizo un estudio donde colocaba a un "observador" a una distancia de dos metros de otro participante que realizaría la tarea de "observado". Se esperaba que el "observado" en algún momento y a distancia, alguna señal de "observación" fuera detectada. Los resultados de este primer estudio mostraron un resultado positivo general, que fue altamente significativo estadísticamente hablando (Sheldrake, 1998).

Sheldrake ha seguido con esta línea a lo largo de más de una década posterior a estos resultados, pero pese a su fama una de las críticas más fuertes a su trabajo es cuando se han puesto a prueba sus experimentos los resultados obtenidos por otros investigadores curiosamente no son similares, como en el caso del estudio realizado por Schimdt y colaboradores en 2004, donde por medio de actividad electrodermal (temperatura de la piel) se sometió a los participantes en dos distintos paradigmas: el primer paradigma en el que uno de los participantes intenta, a distancia, activar o calmar la actividad de autonomía (una especie de control mental) de otro participante, probando una posible interacción a distancia.

En un segundo paradigma de interacción mental, los participantes entraban al laboratorio en pares, luego un participante era alojado en una cámara insonorizada registrando en todo momento la actividad electrodermal. El otro participante era colocado frente a un monitor de computadora en otra habitación. La tarea del segundo participante era activar o calmar a la otra persona solo por medio de "intenciones". Posteriormente la orden cambiaria de calmar hasta "activar o descansar" al paciente dentro de la habitación aislada.

De más está decir que los resultados no fueron consistentes entre las "intenciones, activación o calma" con las que se buscaba estimular a distancia al paciente aislado. Lo que si debe quedar claro que es Schmidt y sus colaboradores rescatan en sus conclusiones que, aunque el "sentir que somos observados" no está comprobado del todo, en efecto parece haber "pistas o indicadores" de una especie de efecto sensorial o perceptual que por supuesto, sigue desconocido. Los estudios sobre la *scophastesia* siguen sin ser abundantes.

3.6 Aromas que calman, aromas que anulan el instinto

Pasando ahora al sentido del olfato podemos encontrar situaciones que van desde beneficiosas hasta curiosas. Lo primero es dar énfasis a los logros que la ciencia ha encontrado respecto al manejo terapéutico de los aromas, los cuales ayudan al organismo en situaciones tan delicadas como el tratamiento de la depresión o ansiedad. Para ello debemos regresar a finales de la primera década de los años 2000, donde inicia el auge para el estudio de aromas en relación con este tipo de trastornos mentales, encontrando que aromas de flores como la lavanda ayuda a que pacientes en, por ejemplo, consultorios dentales, se tranquilicen antes de tener su aterradora sesión con taladros y demás estereotipos asociados a los odontólogos (Kritsidima, Newton y Asimako-poulou, 2010).

Pocos años después se encontraron propiedades ansiolíticas similares en fragancia de cítricos, como el limón (Lima; et al, 2013), pero el dato intrigante ocurre a la mitad de estos dos estudios, concretamente en 2011, año en que Matsukawa y colaboradores encontraron en un estudio con modelo en ratas, que el aroma a rosas contiene una intensidad tan relajante que llega a anula la respuesta de ataque a depredador en este roedor.

Por supuesto, este dato más que paranormal es extraordinario, ya que nos da un contexto del poder de los aromas en la biología tanto humana como animal, la cual no es muy diferente. Puede que por ello siga vigente el impacto de un buen ramo de rosas el 14 de febrero o en algún momento de cortejo en general. Aunque también es cierto que, aunque el efecto de estos aromas se pueda pensar que empíricamente puede ser similar en humanos, el dato aún no se prueba más que en modelo animal, por lo que abría que esperar los avances al respecto.

3.7 Olores fantasmas

Pero ¿qué pasaría si llegáramos a percibir un aroma en ausencia de un objeto que pudiera desprenderlo? Dejando de lado lo confuso que pudiera ser, la ciencia tomó cartas en el asunto con este tipo de casos, que por supuesto, más que un mito o que un *fenómeno paranormal* es una completa realidad que algunas personas les toca vivir. Desde una perspectiva médica, esto es conocido como *fantosmia o alucinaciones olfativas.*

Estas alteraciones vienen por lo regular seguidas o paralelas de padecimientos en el sentido del gusto debido a la directa relación de ambos sentidos. De hecho, en 2013, Henkin, Potolicchio y Levy llevaron a cabo un estudio en Estados Unidos donde se depuró de 1272 casos de personas con patología en gusto y olfato, a pacientes con un tipo de *fantosmia cíclica*, obteniendo un total de 40 en contraste con 88 casos de pacientes con *fantosmia* e *hiposmia* (reducción en la capacidad de percibir aromas).

Los resultados de este estudio indican que los casos de personas con *fantosmias* disminuyen con un tratamiento directo de GABA o ácido gamma-aminobutírico, el cual es en términos prácticos, un neurotransmisor en el cerebro humano y de la mayoría de los mamíferos en el planeta, el cual se encarga de tranquilizar la actividad nerviosa.

El olfato también presenta patologías curiosas en situaciones específicas del ser humano. Por ejemplo, un estudio elaborado en 2004 por la Universidad de Umea en Suiza encontró que la percepción anormal del sentido del gusto tiene una fuerte presencia en mujeres embarazadas con un 76% de incidencia, un incremento de la sensibilidad olfatoria en un 67% y ocasionalmente acompañada de distorsiones de olores en un 17% incluso *aromas fantasmas* con un 14%. Estos resultados también pueden venir acompañados de la presencia de mayor sensibilidad en los sabores, con un 26% de reporte, incrementando la sensación de sabores amargos y disminuyendo la sensación de sabores salados (Nordin; et al, 2004).

3.8 Sabores que engañan

Justamente, anexo al sentido del olfato se encuentra el sentido del gusto, trabajando de forma directa y en conjunto, sobre todo durante la experiencia del "sabor" en la comida o bebida. Podríamos decir que estos dos sentidos son los que interpretan los estímulos de forma química directamente desde la primera interacción. Esta naturaleza se vuelve importante si lo planteamos como una forma más directa de percepción hacia la función cerebral, al menos a diferencia de la interpretación de sentidos como el tacto, el oído o la vista.

Sobre este tema, en un artículo de revisión publicado en 2013 por Malaty y Malaty, se menciona las patologías del sabor, siendo las más importantes la *ageusia* (la perdida completa de sabor), la *disgeusia* (distorsión de la percepción del sabor, detonada por un estímulo de sabor), la *hipogeusia* (reducción de la habilidad de sabor) y la *fantageusia* (alucinaciones gustativas sin estimulo).

3.9 El miembro fantasma

Otro de esos casos de espectros sensoriales surge cuando llegamos al tacto, o mejor dicho a las extremidades. Ocurre que cuando a una persona se le tiene que amputar por la razón que sea una extremidad, la lesión puede sanar y pasar el tiempo, pero un efecto sensorial cobra vida durante este proceso. Aquí es donde entra el llamado *miembro fantasma*.

Esta patología derivada de lesiones físicas/cerebrales que afecta emocionales y sentidos, ocasionando una especie de dolor o sensación poco placentera en la que según los casos de personas que lo han vivido, se siente "como si tuviera la parte amputada" aunque esta no se encuentre físicamente presente (Merleau-Ponty y Cabanes, 1975).

Actualmente la evidencia de las alternativas farmacológicas y no farmacológicas en el tratamiento del miembro fantasma carece de estudios sustanciales para decir realmente que algún fármaco en específico ayuda en la extinción del dolor o de la sensación de incomodidad producida por la ilusión sensorial del miembro faltante, por lo que se requieren más estudios con buen diseño metodológico para clarificar la eficacia de tratamientos y realizar recomendaciones más fuertes en la práctica clínica (Angarita; et al, 2014).

Por otro lado, debemos mencionar que la terapia de espejo (MT) es una de las técnicas consistentes en representar el movimiento, como el motor observación de imágenes y movimientos. Esta técnica emplea el reflejo de movimientos voluntarios en un espejo realizado por la extremidad intacta y de esta forma crear la ilusión visual del movimiento no doloroso en la extremidad fantasma (Barbin; et al, 2016). Hasta la fecha, este tipo de terapias se manejan como idóneas porque es una forma de "hacer creer al cerebro" que en efecto la pierna faltante regreso a su sitio, así el dolor disminuye gradualmente al crear plasticidad neuronal y deja poco a poco de sentirse la sensación de incomodidad y dolor.

3.10 El papel del miedo en relación con la percepción

Como ya pudiste apreciar, gran parte de nuestros sentidos nos engañan con facilidad si nos llegamos a encontrar en el lugar, proceso o apuración equivocada. Pero más allá de los sentidos tenemos que mencionar el origen del miedo y no me refiero al *Coco* o a algún monstruo bajo la cama, sino al origen en nuestro interior, en nuestro cerebro. Para ello debemos entender cómo es procesado. Aclaro que si usted, mi estimado lector es ajeno a conocimientos del tipo técnico sobre neuroanatomía, no tiene de que preocuparse, ya que trataré de ser lo menos técnico y lo más claro que pueda. El primer paso es entender que el miedo es una defensa evolutiva que nos advierte de un potencial peligro.

Este es benigno, pese a lo desagradable que pueda ser y sin este, probablemente el rango de mortalidad por imprudencias diversas aumentaría en todo el mundo o nuestra especie peligraría. Su activación es inmediata y no requiere de mucha lógica su funcionamiento, y de hecho cuando digo lógica me refiero a que no requiere que las partes en nuestro cerebro que procesa la planeación sean activadas, debido a que más que un plan, requiero correr o defenderme. Aquí regresa a escena el lóbulo frontal (el que está situado en la parte frontal de nuestra cabeza) que mencionamos capítulos antes.

Este lóbulo (frontal) no se activa del todo cuando un peligro es inminente, de hecho, se activa y se estimula en situaciones específicas que requieran tareas de aprendizaje o de generación de estrategias. Cuando ocurre una situación de riesgo los sentidos se activan casi sin tomar en cuenta al lóbulo frontal, siendo regularmente el primer golpe sensorial por lo general visual, la cual se procesa en lóbulo occipital, situado en la parte trasera de la cabeza a la par que se procesa recuerdos, memorias y emociones en el lóbulo temporal, situado a los costados, arriba de nuestras orejas.

El que se procesen emociones y recuerdos no es casual, ya que esto nos lleva a experiencias previas sean placenteras o de peligro y así podemos evaluar según sea nuestro conocimiento previo, si el problema que estamos por enfrentar es de un nivel elevado o no. Posterior a esto se manda una señal ya sea de correr o de acción, esto se procesa en la corteza motriz localizada en el lóbulo parietal (arriba de la cabeza). Todo esto ocurre en milésimas de segundos ya que de otra forma el ponernos a evaluar posiblemente nos pondría en riesgo inmediato (Maren, 2001; Rosen, 2004).

Ya entrados en la temática del temor, me gustaría mencionar que en el año 2003 surgió un estudio canadiense donde se buscó indagar entre la oscuridad de nuestros miedos más profundos y verificar si es a la oscuridad, como un contexto de día/noche o es a los estereotipos culturales a lo que se le teme en relación con el miedo a la oscuridad.

Los resultados de este estudio implementado en niños reportan que la mayoría tiene miedo a la oscuridad en un contexto de día/noche ya que, al parecer, es en estos horarios que los niños se pueden poner más alertas y cualquier estímulo o ruido se intensifica por la tranquilidad ambiental. Este dato es importante porque hablaría de que, en la actualidad, pudiéramos plantear que, quizás, no pesa tanto el imaginario sobrenatural en los infantes.

3.11 Sexto sentido en animales

Otro de los fenómenos inquietantes que la mayoría de las personas solemos llamar fenómeno paranormal es esa increíble sensibilidad que los animales tienen para percibir cosas que los seres humanos no podemos, al menos no con tanta facilidad.

En este punto del capítulo ya queda lo bastante claro que el límite que nos dan nuestros sentidos tiene una intención evolutiva acorde a nuestras necesidades. Lo curioso es que esto pierde lógica cuando vemos por ejemplo animales en calidad de domésticos con habilidades que pudiéramos llamar incluso extrasensoriales pese a que en teoría no requieren sentidos tan agudos para sobrevivir.

Por ejemplo, algunos gatos o perros tienden a quedarse viendo a lugares que aparentemente están vacíos por tiempos prolongados, como si observaran a alguien, también es frecuente ver que estos animales "sienten" cuando una persona no tiene tan buenas intenciones y pueden portarse hostiles con esta si entra a nuestro hogar.

El 26 de diciembre del 2004 ocurrió un tsunami en Indonesia que ocasiono daños bastante considerables en esas tierras. Pero en este evento se reportó un fenómeno en los animales de la zona que no se había podido apreciar hasta entonces. Y es que los relatos de testigos afirmaban que animales como elefantes gritaban y corría hacia tierras más altas, los perros se negaban a salir al aire libre, los animales de zoológicos se aferraban a sus refugios y los flamencos abandonaban sus áreas de reproducción (Mott, 2005).

Los investigadores creen que los animales pudieron detectar el peligro mucho antes que los humanos y estos se movieron a un terreno más seguro al sentir vibraciones o cambios en la presión del aire antes de la llegada de las olas. Con esta información se especula que en efecto los animales y las aves pueden predecir y analizar los desastres naturales de manera más fácil y precisa (Tiwari y Tiwari, 2011). En medio de estos dos reportes de información se encuentra otro estudio que refuta estos datos. Y es que, durante el tsunami del 26 de diciembre del 2004, investigadores de centros de conservación tanto de Estados Unidos como de Sri Lanka, lograron monitorear la actividad de elefantes asiáticos reportando que ninguno de los elefantes que portaban rastreador de movimiento se comportó diferente o de manera consistente con un "sexto sentido" o una alerta temprana que permitió una detección previa del tsunami que se acercaba (Wikramanayake, Fernando y Leimgruber, 2006).

Pese a estos datos que niegan la existencia de un sexto sentido en paquidermos, no implica que estos resultados sean iguales para otras especies. De hecho, la carta más fuerte en el estudio de este sexto sentido en animales se encuentra al parecer en el estudio de tiburones. Retomando un estudio del 2014 en el que Kimber y sus colaboradores reportan que los tiburones poseen al parecer habilidades cognitivas derivadas de uno de los sistemas naturales con mayor sofisticación en la naturaleza llamado *elasmobranquias*.

Podríamos decir que este sistema es muy parecido al lóbulo frontal de los mamíferos ya que en situaciones simuladas de laboratorio con tiburones o mantarrayas se sabe que estas pueden aprender procesos atencionales y de memoria. Estos mismos autores agregan que las *elasmobranquias* son *electrorreceptores* situados en medio de los sentidos del olfato y oído, que hacen que los tiburones sean más sensibles al movimiento en el agua y los hacen más sofisticados en la caza. ¿Estaríamos hablando entonces de una especie de *percepción extrasensorial?* Potencialmente sí, pero la información sobre el estudio de un sexto sentido en especies animales no es abundante, por lo que esto sigue siendo de cierta forma un misterio de naturaleza aún no determinada.

Capítulo 4
Los poderes mentales

4.1 *Hipnosis*

Iniciamos este capítulo con uno de los temas con mayor interés por el público en general debido al misticismo que lo rodea, junto con la cantidad de mitos que la sociedad ha creado alrededor de este. En efecto, me refiero a la llamada hipnosis, la cual como verá a continuación mi querido lector, no se trata ni de charlatanería ni de un mito, sino de una realidad tanto favorable como con urgencia de regulación en cuanto a su uso. Pero debemos iniciar por el tratar de indagar en su definición base para poder trazar un camino en este relato.

Debemos comentar que la hipnosis es un estado de ensoñación que, por medio de instrucciones específicas, ayuda a que una persona pueda entrar en un proceso de interacción/comando con el terapeuta o hipnotista, regularmente con la intención de facilitar un proceso o realizar una tarea. En su mayoría han sido los medios de comunicación los que han hecho que el concepto de hipnosis esté impregnado de ideas seudocientíficas y hasta cierto punto paranormales donde se puede llegar a creer que el hipnotista mismo posee poderes sobrenaturales que hacen que cualquier persona caiga en sus trances para hacer lo que él quiera.

Esto es una total mentira, ya que en ningún momento se puede perder la voluntad al ser hipnotizado y si se pregunta sobre esas personas que actúan como pollo en espectáculos, pues le comento que lo que ocurre es que esas personas deseaban (aunque probablemente inconsciente) actuar como pollo, solo que claro, como estaban "hipnotizados", pues se lo permiten.

Esta desinhibición es muy similar al "valor" que proviene de las bebidas alcohólicas. No obstante, el uso de la hipnosis no es necesariamente para entretenimiento. En un contexto clínico sus propiedades han sido probadas con éxito en la actualidad en pacientes con dolor crónico, destacando la influencia que tiene este método de sugestión sobre la fisiología, más allá de sus efectos psicológicos (Álvarez y Uribe, 2016).

Estos datos indican que al utilizar la hipnosis en personas que experimentan dolor, se pueden apreciar cambios asociados a su alivio, tales como la disminución de taquicardia, la normalización de la presión arterial, faces de tranquilidad, coloración normal de la piel, entre otras. Este método también ha sido probado en pacientes con quemaduras los cuales presentan dolor profundo y ansiedad por el dolor profundo. Este mismo año Jafarizadeh y colaboradores (2017) reportan que al utilizar técnicas hipnóticas en pacientes con quemaduras se pudo apreciar una reducción significativa en la intensidad del dolor profundo y de la ansiedad ocasionada por este, concluyendo que la hipnosis es efectiva para sobrellevar el dolor, pero no para retirarlo por completo.

Por su parte, Krouwel, Jolly y Greenfield (2017) mencionan en su revisión sobre la percepción de la hipnosis y la hipnoterapia para la población en general, encontrando una muy buena recepción de esta. Pese a sus bondades, lo que sí es muy cierto es que las personas que son sugestionables corren el riesgo real de la *implantación de memorias*. Si, justo como lo puedes leer mi estimado lector, los recuerdos se pueden implantar en las memorias de las personas…

4.2 Confabulación (síndrome de falso recuerdo)

Reitero que la hipnosis por sí misma no tiene manera de controlar a las personas a menos que estas así lo quieran. Aquí entra la escalofriante manipulación e implantación de falsos recuerdos en la memoria de las personas, ya sea en vía de un estado de sugestión como la hipnosis o en vía de reforzamiento constante de un recuerdo que pueda que ni siquiera haya existido del todo en la vida de la persona implantada. Este tema puede ser interpretado casi de ciencia ficción, pero lo cierto es que la inserción de recuerdos en la memoria es un tópico que se viene estudiando desde hace más de tres décadas, iniciando en 1995.

La doctora Elizabeth Loftus, docente de la Universidad de California en Irvine, una de las pioneras en su estudio desde una postura científica, y gracias a sus esfuerzos, ahora se sabe no solo que la inserción de memorias es una realidad, sino que las personas con bajo coeficiente intelectual son más propensas a una implantación de recuerdos (Zhu; et al, 2010) al igual que se conoce que estos llamados *falsos recuerdos* pueden durar por largos períodos de tiempo, y que no son simplemente el producto de características de demanda o la recuperación de recuerdos existentes (Laney y Loftus, 2013). Otro factor que favorecería la implantación de un recuerdo se encuentra en los eventos traumáticos, por ejemplo, guerras.

En 2013, Morgan y sus colaboradores, incluyendo a la doctora Loftus, reportaron información obtenida de una muestra de militares que muestra que los recuerdos de eventos estresantes son altamente vulnerables a la modificación derivada por exposición a desinformación, incluso en individuos cuyo nivel de entrenamiento y experiencia se podría pensar que los hace relativamente inmunes a tales influencias.

4.3 Percepción extrasensorial

La percepción extrasensorial en humanos es un tópico reciente y vigente por la ciencia, como vimos de forma introductoria en apartados anteriores. Pero esta se encontró no en un componente psíquico, sino en un componente completamente sensorial.

Datos de Foster, Roura y Thomas (2014) encontraron que los receptores acoplados a proteína G (GPCR), en cuanto a expresión y función, tendrían que ver con los tejidos que procesan el aroma y sabor, yendo más allá de la información procesada por los sentidos del olfato y gusto. En efecto, puede que esto no sea por mucho algo sobrenatural, un fantasma o un poder psíquico, pero antes de que te decepciones, ten en cuenta por favor que son estos detalles en los descubrimientos los que dejan ver lo específico que se tiene que ser para lograr descubrimiento. Mucho más con *fenómenos paranormales*.

4.4 Telepatía y el Proyecto Stargate

Otro de los grandes enigmas sobre los fenómenos paranormales recae en la creencia de la existencia de la telepatía, es decir. La conexión "mente a mente" (Rauscher y Targ, 2006). Este es un tema delicado sobre todo cuando una persona por su cuenta afirma poseer este tipo de habilidades, ya que la ciencia formal indagaría primero bajo la primicia de que es poco probable que una persona sea realmente telépata, por lo que es probable que la perspectiva científica se inclinaría más hacia el factor salud mental en esta hipotética persona.

Puede que esto luzca como prejuicio ante la posibilidad de la existencia de este tipo de habilidades. La realidad es que esto va más de la mano con la evidencia existente. Se conoce que en individuos con trastornos psicóticos es común la experiencia de escuchar voces, y sus experiencias poseen una irreductible convicción; como los líderes de sectas que profetizan fechas apocalípticas, diferenciadas de forma clínica de las nombradas como *premoniciones*, corazonadas e intuiciones anticipatorias que se presentan en individuos sanos (Parra y Espinosa-Paul, 2010).

No obstante, el estudio de la posibilidad de habilidades telepáticas ha perdurado de generación en generación y se ha adaptado a nuestra actualidad para marcar su vigencia. Una prueba de esto es que hace no mucho tiempo, concretamente en 2015, ya se probaba la posibilidad de un estudio utilizando teléfonos móviles en relación con adivinar información de la persona que se encontraba del otro lado de la bocina (Sheldrake, Smart y Avraamides, 2015).

En relación con los estudios con nuevas tecnologías, no ha sido solo la ciencia del comportamiento o del cerebro las que se han interesado por la naturaleza elusiva de este fenómeno. En 2014 un estudio de la Universidad de Washington informó un interesante experimento en que copiaron señales eléctricas de una persona imaginando una acción motriz y los transmitió a otra persona que efectivamente ejecutó el movimiento imaginado (Rao; et al, 2014). ¿Estaríamos ante la primera evidencia sustancial de telepatía proveniente de la influencia de máquinas?

Pero vamos regresando un poco al misterio clásico. A manera de dato curioso, agrego una pequeña pizca de teoría de conspiración alrededor de las habilidades telepáticas y es que hace no mucho, los teóricos de la conspiración mencionaban de un supuesto proyecto ocurrido a finales de los ochenta, el llamado *Proyecto Stargate*, el cual buscaría verificar la existencia de personas con habilidades telepáticas y someterlas a pruebas para ver su veracidad.

No está de más recordar que esto en efecto era una actividad ilegal y totalmente antiética… pero era un proyecto militar así que lo de ilegal se vuelve ambiguo. Tuvimos que esperar hasta principios de 2017 para conocer la verdad y es que en efecto, el mencionado proyecto ocurrió y es real, probando su veracidad con la desclasificación del mismo junto a una cantidad enorme de expedientes en los que incluye desde monitoreo de investigadores que estudiaban *fenómenos paranormales* en universidades, hasta material respecto al llamado fenómeno OVNI.

Por si tienes curiosidad (que espero así sea), agrego aquí el enlace de la página oficial por si quieres generar un informe de primera mano. Repito, es una infinidad de información, yo solo he podido revisar una mínima parte de esta, pero ojalá y usted puedas revisar a mayor profundidad. Aquí el enlace de la página de la CIA donde puedes encontrar la información:

https://www.cia.gov/library/readingroom/collection/stargate

4.5 Precognición

Otro efecto misterioso viene con la anticipación de eventos antes de que estos sucedan, la llamada *precognición*. Por lo pronto, el término precognición típicamente denota conocimiento cognitivo consciente de algún evento futuro que no se pudo anticipar a través de procesos inferenciales normales. En consecuencia, es un caso especial de un fenómeno general, la influencia anómala y retroactiva de un evento futuro en la corriente de un individuo y sus respuestas, ya sean respuestas cognitivas o afectivas, conscientes o inconscientes (Bem, 2008).

Al respecto te comento que muchos críticos afirman tajantemente que esta no tiene plausibilidad teórica o científica y debe ser investigada solamente a través de rigurosas pruebas estadísticas antes aún de considerar siquiera su existencia (Gomes y Jelihovisch, 2016). Estas críticas se dan sobre todo porque plantear la existencia de la *precognición* es un problema serio para la ciencia contemporánea, así como para quienes interpretamos su experiencia en términos de tiempo lineal, es decir todos los humanos (Rauscher y Targ, 2006). Pero esto no deja de lado el hecho de que para comprender el fenómeno se debe estudiar con rigor y buscar los entornos adecuados para tales estudios.

Justamente en 2011 se encontró que un lugar idóneo para el estudio de la precognición se encuentra sobre las ruedas de un automóvil. El estudio conducido por Eric Lurier de la Universidad de Edimburgo, se basó en el principio de que las cosas ocurren mucho muy rápido cuando conducimos un vehículo, ya que la toma de decisiones a veces puede y debe ser automática, por ejemplo, en una desviación o una maniobra de riesgo.

En este punto vuelve a hacer guiños una temática de corte "paranormal" como la precognición con la necesidad de supervivencia de la evolución. ¿Esto será una casualidad? Poco probable que así sea. El trabajo del doctor Lurier genera pistas para pensar que de alguna manera, nuestras acciones parecen haber continuado antes de que nuestra mente se ponga al día y note el error.

Por último, se encuentra la pista más prometedora para el estudio de la *precognición*: Los sueños, los cuales gozan de ser el evento psíquico más común que aparece en la vida de la persona promedio. Estos sueños nos dan una idea de los eventos que realizaremos en el futuro y se puede decir que los sueños precognitivos son a menudo causados por la experiencia que realmente tendremos en un momento posterior (Rauscher y Targ, 2006).

Aunque esto no está comprobado, si podemos decir que este tipo de *precognición* es un cotidiano y que seguramente en más de un momento, desde una perspectiva bien subjetiva, todos hemos tenido la impresión de soñar algo y que esto se cumplía en fechas siguientes. La ciencia aún desconoce el porqué de estos eventos.

4.6 El "mal de ojo"

Uno de los padecimientos culturales más famosos del mundo. El mal de ojo en pleno siglo XXI aún sigue sin consenso respecto a su explicación certera y a su origen, ya que parte de su fama se debe a que aparece en diversas formas y nombres, pero en esencia en la mayoría de las culturas del planeta (Idoyaga, 2013). Uno podría imaginar incluso que esto aparece exclusivamente en comunidades rurales o en aldeas, pero la realidad del fenómeno se ha trasladado a países como Reino Unido, donde su influencia es tal en culturas como la musulmana, que ha tenido que modificarse el servicio de salud, debido a las creencias de este padecimiento que según sus portadores reportan como totalmente real (Khalifa; et al, 2011).

Datos de Devi (2003) mencionan que los Meitei de Manipur (India) creen en el mal ojo como un espíritu maligno que se conoce localmente como *Hingchabi Changba*. En esta creencia el espíritu entra en otra persona que sufre mental y físicamente y el espíritu tiene el control total sobre el cuerpo de la víctima; Cuando una persona está poseída por el espíritu, se muestra un comportamiento anormal, como escalofríos, llorando, riendo, espumando, dificultad para respirar, etc. Se recurre a un *Maiba* (curandero) para tratamiento, que realiza ciertos rituales para evitar el espíritu maligno al ofrecer los materiales específicos que el espíritu quería tener.

Se toman ciertas precauciones hasta por la gente para protegerse del mal de ojo. Aquí, vale la pena mencionar que no se puede curar con medicamentos modernos o cualquier otro, excepto el método tradicional de tratamiento realizado por el *Maiba*. Realmente no existe mucha evidencia científica respecto al mal de ojo, más allá de los datos antropológicos y étnicos. No obstante, si lo vemos desde una perspectiva física, esto se puede remontar a una diferencia en las cargas del cuerpo humano, y es que finalmente desprendemos electricidad; *Biofísica*.

Yo siempre he puesto el ejemplo de una batería eléctrica de carga tipo AAA en comparación con una batería eléctrica de carga tipo D para explicar esto de las cargas corporales humanas. Primero, imaginemos que la batería AAA es un niño con una carga relativamente menor a la de un adulto, el cual sería representado por la batería D. Si un día por la calle el niño (representado por la batería AAA) se encontrara en contacto directo con una carga inestable o sobrecargada de un adulto, ósea una batería del tipo D, sufriría una sobrecarga. Si lo ponemos en un contexto de transmisión de electricidad y de cinética, tendríamos una batería AAA con sobre carga porque el contacto con la D la llenó de energía necesaria.

Si esto fuera un niño más que una sobre carga le causaría síntomas, como el llanto o la desesperación propia de un mal de ojo. ¿Cómo retirar esta carga extra? Fácil, aquí es donde entra la cinética a la carga, ya que seguro recuerdas que una de las formas más comunes de "tratamiento" del mal de ojo es la "limpia con un huevo".

Esto se debería según esta analogía a que el huevo es en teoría un ser orgánico, al que como no matamos del todo por ser un embrión, podríamos pasarle la energía. ¿Y de qué forma paso la energía sobrante en el niño al huevo? Por *fricción*. Al tener "la limpia" el huevo se pasa por todo el cuerpo, retirando la carga extra y cuando abrimos el huevo, podemos ver que la clara se pone densa, probablemente por la adicción de cargas eléctricas producto de la fricción. Después de este ritual, el niño regularmente se libra del mal de ojo. Nuevamente la ciencia metería sus narices al erradicar un mito.

FANTASMAS EN EL LABORATORIO

Capítulo 5
Apariciones y espíritus:
el contacto con el *más allá*

Ahora bien, el tema realmente jugoso respecto a los *fenómenos paranormales* viene cuando hablamos de fantasmas y casas embrujadas, sobre todo porque una explicación para este si se plantea como algo muy gratificante y difícil de explicar para tan aterrador fenómeno.

5.1 Fantasmas

El primer componente de un fantasma en un contexto clásico es la ausencia de cuerpo físico y su intangibilidad, excepto claro cuando estos se hacen presentes según las leyendas, en lugares específicos o toman posesión de objetos. Cuando esto ocurre suben de categoría a los llamados *Poltergeist*, el cual sería una presencia fantasmal que mueve objetos o se manifiesta de forma agresiva. En un rango más arriba del *Poltergeist* se encuentran las casas embrujadas o poseídas, las cuales presentan fenómenos paranormales de este tipo en su interior. La información científica de todos estos fenómenos está de más decir que es limitada, no obstante, existe.

El primer paso que los estudios científicos han tomado en cuenta es el ubicar los lugares con mayor popularidad respecto a actividades fantasmales. De hecho, gran parte de la información reportada en documentos científicos enfoca sus hallazgos relacionados a información, por ejemplo, de lugares turísticos o leyendas de los eventos o si creen o no en estos (Lindeman y Aarnio, 2007).

Fue entonces que, en el año 2014, justo en la búsqueda de fantasmas se llegó hasta las montañas de los Alpes Suizos, donde infinidad de gallardos alpinistas reportaban "sentir" que alguien les tocaba por la espalda, como una sensación de presencia etérea que no podían explicar y por supuesto que a alturas tan elevadas provocaba un muy buen susto helado. Para fortuna de estos alpinistas, sus relatos llegaron a oídos del investigador del EPFL Olaf Blanke, quien investigaba la percepción humana en su laboratorio en Lausana, Suiza.

De aquí surge un estudio bajo la primicia de que el cerebro humano puede generar una autopercepción unificada de sí mismo bajo circunstancias normales, pero cuando este tiene un funcionamiento anómalo como la esquizofrenia, el cerebro al parecer crea una segunda representación del cuerpo mismo, como una ilusión sensorial muy similar a lo que describían los alpinistas. Por ello el equipo del doctor Blanke comenzó a analizar los cerebros de 12 pacientes con trastornos neurológicos que han informado tener una representación secundaria de su cuerpo, en otras palabras, una sensación de "fantasma".

El estudio utilizo imágenes de resonancia magnética, donde se revelaban anormalidades con tres regiones del cerebro involucradas en la autoconciencia, el movimiento y el sentido de la posición en el espacio, todas importantes para la percepción del propio cuerpo.

Los científicos realizaron un experimento para "activar" una sensación neurológica similar en sujetos sanos; Vendaron los ojos y taparon los oídos de los participantes, después hicieron que los participantes realizaran movimientos con su mano unida a un dispositivo robótico. Detrás de ellos, el dispositivo robótico diseñado reproducía artificialmente sus movimientos y los tocaba en la parte posterior. Cuando se realiza en tiempo real, el cerebro del participante podría adaptarse y también reconocerlo como su propio movimiento debido al movimiento sincronizado. Sin embargo, cuando los científicos introdujeron un retraso temporal de solo unos pocos milisegundos, la distorsión de la percepción temporal y espacial indujo "la sensación fantasmal".

La explicación del efecto del robot es que este crea una desconexión entre los movimientos que hacen los sujetos y las sensaciones que esperaban, mezclando las señales cerebrales sensoriomotoras de los individuos para que sus cerebros ya no reconozcan las señales de entrada como pertenecientes a su propio cuerpo.

El principal objetivo de este estudio publicado en la prestigiosa revista *Current Biology*, era el comprender algunos de los síntomas de afecciones neurológicas o psiquiátricas, como la esquizofrenia, la idea es que esto produzca investigaciones posteriores donde un sistema robótico similar haga que la calidad de vida de pacientes neurológicos que "sienten fantasmas", aumente y que estos aterradores efectos sean comprendidos.

El doctor Blanke ya había sorprendido al mundo en 2002, cuando probó de forma exitosa la inducción de lo que llamaríamos *experiencias extracorpóreas* o en áreas seudocientificias, un "viaje astral", que en este caso sería un viaje sensorial. Esto lo obtuvo estimulando a pacientes con lesiones, generando un foco epiléptico en el lóbulo temporal medial (derecho), justo arriba de nuestra oreja derecha. Este estudio fue publicado en la prestigiosa *Nature* y sigue siendo aun en nuestros días una de esas evidencias sustanciales sobre toda la potencial fenomenología paranormal.

Sin importar si los fantasmas son reales o solo sensaciones corpóreas, lo que es cierto es la sensación que nos causa la creencia de su existencia o supuesta presencia. Esto se refuerza con los condicionamientos de temor cortesía de la crianza, religión y de la misma ciencia, ya que, al no tener forma de explicarlos del todo, se han puesto en ese pedestal intocable y poco medible. O bueno, al menos hasta ahora que investigadores como el doctor Blanke se han dado a la tarea de darnos fantasmas en un laboratorio.

5.2 Psicofonías, Poltergeist y casas embrujadas

Ahora bien, hablando de los lugares donde los fenómenos paranormales son más frecuentes, podemos decir que casi todos los lugares pudieran ser candidatos para tener la presencia de una entidad fantasmal, según las tradiciones orales. Pero algo en lo que insiste la seudociencia y la parapsicología es en relacionar los lugares donde muchas aglomeraciones de personas o bien donde eventos humanos de importancia se dan encuentro, asumiendo que existen cosas como energías de seres muertos o espíritus que impregnan lugares y no se van.

Esta es una explicación simplista para esos eventos que ocurran dentro de casas o lugares, por ejemplo, manifestaciones de sonidos, movimientos o bien ambas con una intensidad que pareciera que toda una casa o un lugar como una iglesia estuvieran habitadas por seres que no vemos y que causan fenómenos cinéticos reales. Primero están los fenómenos auditivos que han sido capturados muchas veces sin intensión sobre grabaciones de sonido, que pareciera desde ruido blanco o estática hasta una especie de palabras sobre las grabaciones originales. La parapsicología conoce este fenómeno como las llamadas psicofonías, pero para la ciencia esto ya tiene un nombre desde hace ya casi una década, los *infrasonidos*.

El *infrasonido* se ha establecido dentro de la investigación paranormal como un factor causal en la producción de experiencias subjetivas que pueden ser interpretadas como de origen paranormal. Para figuras como Edison y Marconi la tecnología de radio podría permitir el contacto con la vida futura (una forma gentil de decir muerte), una idea que encaja bien dentro del contexto del entusiasmo victoriano por varias formas de espiritismo (Banks, 2006).

No obstante, la poca investigación que existe sobre los infrasonidos indica que el oído humano y la percepción de sonidos de baja frecuencia y las interacciones psicofisiológicas entre infrasonidos y los sentidos humanos no presentan mucha cercanía, sobre todo por la limitación de nuestro sentido del oído a bajas frecuencias (Parson, 2012). Por otro lado, para autores como Joe Banks del MIT, este fenómeno tiene más tela de donde cortar de la que parece. Para empezar Banks propone delimitar el fenómeno a lo que él llama el *fenómeno de la voz electrónica* (EVP en sus siglas en ingles), postulando que una comprensión de los aspectos de la psicoacústica proporcionaría una explicación completa para la mayoría de las grabaciones EVP.

Respecto al fenómeno *poltergeist*, la evidencia es un poco más basta que la existente para las psicofonías y es que aquí se engloba también el fenómeno de las casas embrujadas. En la actualidad se conoce que en muchos casos de personas que informan sobre objetos que se mueven, sonidos inusuales, brillos alrededor de otras personas y sobre presencias extrañas, no cumplen regularmente con los criterios para ser diagnosticados como trastornos psiquiátricos, pero junto a esto se descubre que al someterlas a un análisis con un electroencefalograma, estos testigos presentan anomalías eléctricas sobre los lóbulos temporales derechos (Roll; et al, 2012), ya sabes, esos que se relacionan con el instinto de supervivencia, casualmente. Pero ¿qué pasa cuando no tenemos sujetos que estudiar, sino "lugares"? pues bien, hemos llegado al terreno de las *casas embrujadas.*

En Inglaterra, existe el famoso *Hampton Court Palace*, el cual tiene fama de ser uno de los lugares más embrujados en Reino Unido. Este es célebre por su enorme cantidad de fenómenos paranormales ocurridos en muchas áreas del edificio. En 2002 Wiseman y sus colaboradores fueron al sitio para verificar la actividad inusual del lugar, mostrando resultados no del todo concluyentes, de hecho aportaron una explicación parcial de una posible relación entre los lugares en los que testigos de supuestos *fenómenos paranormales* viven sus experiencias y los campos magnéticos del lugar.

Parece que el estudio de la física de los lugares malditos impactó a los investigadores predecesores de este estudio, ya que en años posteriores el castillo Muncaster, también de Reino Unido, sería sometido a un estudio con campos magnéticos y análisis de frecuencias magnéticas (FFT), enfocándose en los lugares del castillo donde supuestamente se presentaba mayor actividad paranormal.

Con estos análisis se pretendió registrar cualquier fenómeno anómalo, sea sonoro, luminoso o electromagnético, no obstante parece que los fantasmas fueron en verdad tímidos, ya que los resultados no presentan una intensidad en ninguno de los análisis, pese a que según los testigos, en el lugar se escuchan sonidos de niños llorando o gritando, voces adultas, sentimientos de presencias, sombras, golpes entre muchos otros fenómenos (Braithwaite; et al, 2005).

Capítulo 6.
Brujas, vampiros y hombres lobo

6.1 La bruja

El último capítulo viene a referirse no tanto a fenómenos, sino a aparentes entes que causan fenómenos. Entes que por su condición extraordinaria se han transformado en iconos de la cultura popular aterrando a generaciones y condicionando miedos a lo largo del tiempo. Quitando el debate de si estos seres son reales o no, se debe reiterar que su influencia si lo es, a tal grado de crear situaciones sociales relevantes, muertes o incluso condiciones clínicas y sintomatologías específicas.

Comenzamos este apartado con nuestro primer invitado, quien es en teoría el más cercano a una condición que llamaríamos humana. Hablo en concreto de la *bruja* o *hechicera*, como figura física a la que se le atribuyen todas estas situaciones fantásticas.

No es casualidad que hable en femenino al referirme a este ente con poderes y habilidades sobre naturales, al que se le asocian poderes místicos, habilidades para crear pociones y la posibilidad de hacer daño a distancia por medio de maldiciones o sortilegios. Esta figura ha traspasado fronteras, teniendo presencia en lugares tan variados como la India, Nepal, Sudáfrica, Papúa Nueva Guinea, Tanzania,

Angola, Nigeria, Indonesia, el Congo e incluso China ((HRC 2009; Qiliang 2009; Citado en Forsyth, 2016).

También es en un contexto clásico, que la *bruja* o *hechicera* era una condición casi exclusiva de las mujeres. En la obra de Paniagua (2003) se comenta sobre la exclamación de Fray Martín de Castañega, predicador franciscano del Santo Oficio, quien en 1529 mencionó que las mujeres son más dadas a la nigromancia que los hombres, fundamentándose en la lógica de que bueno, si el demonio era figura masculina, era completamente natural que sus adoradores y servidores fueran en su mayoría mujeres.

Recordemos que en ese contexto, el expresar deseos sexuales (llamados pensamientos impuros en ese entonces) era considerado un acto pecaminoso y al pecado se le suponía un origen diabólico y las brujas, como mujeres liberales, eran la mejor descripción de esta expresión. Partiendo de estas premisas, las mujeres, inductoras de ideas lujuriosas, habrían de ser agentes del demonio y la ecuación se hace más compleja cuando le agregas al deseo factores mágicos, y sobre todo, cuando se agrega una condición de mujeres empoderadas que decidían, actuaban y pensaban por sí solas. Pero claro, mujeres con poder no era lo que en ese entonces las autoridades querían.

Aunque con diablo o sin él, lo legendario de las brujas y hechiceras y lo que nos compete para este texto, radica principalmente en la atribución de místicos poderes y habilidades sobre humanas con las que influían en su entorno y personas, de las cuales las disciplinas actuales han tratado de desvelar sus misterios.

Y es que la bruja y sus poderes son otro de esos temas espinosos que la ciencia no ha podido debelar del todo, por dos factores principalmente: El primero es la total explicación para los poderes sobrenaturales que supuestamente las hechiceras y brujas poseen, y en segundo lugar, por las diferentes aristas socioculturales que involucra el efecto de la creencia de las personas en situaciones relacionadas con la hechicería, se trate de hechiceras o no. Estas dos vertientes tienen su segmento a continuación.

6.2 El hechizo de la bruja

En lo que compete a esta obra, creo pertinente el agregar que, para comprender el alcance de las brujas y sus hipotéticos poderes en la historia de la humanidad, es esencial el reconocimiento del poder de la sugestión como uno de los pilares para debelar los misterios de estas prácticas. De hecho, aun en nuestros días los mismos médicos consideran la influencia de la sugestión en las sintomatologías de sus pacientes, siendo una de las manifestaciones con mayor fuerza el trance autohipnótico en que se revelan contenidos que el sujeto no posee en su sistema consciente y que parecen incomprensibles o contrarios a su personalidad ostensible.

Al respecto, autores como Paniagua (2003), mencionan que esto fue lo que sin duda ocurrió en tantos casos de confesiones públicas de brujas, en las que en una atmósfera de acusaciones mutuas acababan convenciéndose de su participación en imaginarios aquelarres, verbalizando sus fantasías, al principio sin coerción física alguna.

Por otra parte, tenemos que algunos antropólogos mencionan que la bruja y sus atribuciones mágicas eran creencias necesarias para la explicación de fenómenos tales como la desgracia, la liberación de tensiones o también para poder desahogar sentimientos de naturaleza hostil contra parientes cercanos o vecinos; Esto plantea a las brujas como chivos expiatorios a quienes era mucho más fácil y atribuible el que fueran entidades "malignas" a diferencia de un fiel creyente de la época.

No obstante, estas posturas antropológicas no responden cuestiones relacionadas a la brujería tales como ¿por qué la paranoia colectiva estaría más extendida en algunas culturas que en otras? ¿por qué las comunidades igualitarias temerían a los traidores con poderes ocultos? O también ¿cómo podrían explicar los requisitos del orden social, por ejemplo, la importancia del ojo en las creencias sobre brujería? (Evans-Pritchard 1937; Malinowski 1954; Marwick 1965; Citados en Koning, 2013).

Sobre este tema, autores como Buchanan y col. (2009) argumentan que los ojos son especialmente importantes tanto para maldecir como para recibir una maldición, generando un perfecto mecanismo para el miedo que es no solo sensible a la maldición sino a los pensamientos diversos y ambiguos que causan las expresiones faciales, que a su vez, van a transmitir signos de engaño, envidia o desconfianza, especialmente gestos desarrollados en base a los movimientos oculares.

En lo que respecta a los poderes, encantos, hechizos o embrujos, Paniagua (2003) sostiene que desde la hipótesis de que se trataba de mujeres víctimas de su propia sugestión, los poderes atribuidos a las mismas tienen un contexto de corte sexual encaminado a provocar deseo o pensamientos impuros (o permisivos) en los hombres, por ello, las brujas, emuladoras de Satán, eran "culpables" de toda suerte de desgracias: de plagas, de aojamientos, de monstruosidades, de horrendos homicidios, etc.

Este mismo autor también agrega que el factor de la privación sensorial también pudo influir en los estados alterados de las brujas, por ello, la bruja clásica podía sentir con certeza lo que decían haber experimentado y esto habrá hecho más verosímiles tanto sus conjuros como sus declaraciones, ya sea ante una hoguera como al momento de lanzar una maldición o conjuro. Hasta este punto la perspectiva antropológica no debela de ninguna manera la existencia de los llamados poderes, no obstante, confirma, en efecto, los efectos atribuidos a estos.

Otra perspectiva interesante viene de parte de Koning (2013), quien reitera la presencia intercultural de los poderes de las brujas asociándolo con un eslabón en común presente en todos los seres humanos, el miedo y logrando tipificar cuatro factores:

El primer factor que este autor señala en relación con eslabón del miedo es el poder del miedo mismo para separar sociedades, ya que un individuo aterrado, por mera preservación, va a enfocar sus recursos en sobrevivir. El segundo factor nos habla del uso de sustancias (venenos en general) y el daño físico para inducir miedo y sugiriendo que las brujas poseían poderes ocultos de naturaleza destructiva (Mauss, 2001; Citado en Koning, 2013).

Como tercer factor está la moralidad de la época, la cual señalaba a las brujas como seres malvados cuya codicia y envidia amenazaban la reproducción de la sociedad. El cuarto factor era de los más temidos, ya que este brindaba la atribución a las brujas del poder matar o lastimar a distancia, llevando a la creencia de que esos individuos poseían armas mágicas en formas incorpóreas (Mair 1969; Citado en Koning, 2013).

Curiosamente, otra perspectiva que también se le podía dar a estas llamadas "armas mágicas" era la de defensa, pero como con certeza no sonaban igual de atractivo que llamarlas "armas y malvadas", pues las dejaban en su mayoría de lado. El último factor es el que se relaciona más con el poder de maldecir y se trata del rumor o del poder inducido en la palabra de la bruja.

Koning lo relaciona con el temor inducido por los rumores y la difamación que si bien no es para nada mágico, si tiene aún en nuestros días el poder de atribuir o definir dinámicas sociales. De igual forma como en tiempos de la quema de brujas las ciencias cognitivas no existían, la idea de plantear una maldición como una mera condición mental no era ni de broma factible.

En nuestros días podemos hablar de posibles enfermedades psicosomáticas, conversiones histéricas, compulsiones o ideas obsesivas, por mencionar algunas, estados maniacos, estados disociativos, alucinaciones, esquizofrenia, sociopatías o trastornos de la personalidad; todas factibles como "resultado" de posesiones demoníacas en ese entonces (Paniagua, 2003).

6.3 Magia africana, ciencia africana

Y bueno, los poderes mágicos de estas hechiceras siguen influenciándonos aun en la actualidad, con mayor presencia en algunas latitudes que en otras. Tal es el caso de algunas partes al sur de África. Donde pudimos localizar información asombrosa sobre el llamado *Muthi*, el cual es un término empleado para lo que de forma muy simplista pudiéramos denominar medicina tradicional. El *Muthi* significa literalmente árbol y puede ser interpretado en inglés tanto para hablar de medicina como de veneno, con la similitud de siempre emplear hiervas por manos expertas.

Estos datos los encontramos en la obra de Ashforth (2005), quien además agrega que el *Muthi* es manufacturado siempre por manos de personas que poseen conocimiento secreto para lograr los extremos positivos de la curación, involucrando limpieza, fortalecimiento y protección de personas de todas las fuerzas; por el lado contrario, estas personas también poseen el poder de la brujería, trayendo enfermedades, desgracias y muerte a otros.

En la actualidad el *Muthi* es materia rentable para algunos pueblos de África del Sur, quienes pueden llegar a ofrecer soluciones a problemas económicos, de salud o de lo que se necesite, dejando sus "poderes" al alcance de quien pueda pagarlos. No obstante, sigue siendo un conocimiento herbolario celosamente guardado que suele ser pasado de generación en generación.

Un dato curioso es que a diferencia de otras latitudes, el *Muthi* no discrimina sexo y permite la inclusión tanto de curanderos como de brujas al acceso de su poder, siempre y cuando sea por medio de tres posibles fuentes: la herencia de habilidades de antepasados, el entrenamiento por maestros expertos o la comunicación directa con poderes o espíritus superiores (Ashforth, 2005).

Para este caso en África ocurre una situación particular y es que según señala Ashforth (2005), la ciencia africana y la matrícula de personas con estudios profesionales cada día es mayor en ese continente, por tanto, parece que no han sido pocos los interesados en debelar los misterios de la magia africana al mundo.

Esto nos habla de una evolución del conocimiento ancestral lo cual seguramente permitirá avances científicos significantes, por ejemplo, en materia de herbolaria o en el desarrollo de fármacos. Lo que también es probable es que a los practicantes de estas artes milenarias puede que no les agrade tanto el desmitificar su magia y rituales, ya que esto reduciría el turismo local y extranjero de personas que buscan soluciones por medios mágicos… aunque bueno, si cuentan con poderes reales, dudo que la ciencia llegue a molestar.

6.4 Medición y regulación de la brujería

Las ciencias sociales también han intentado desvelar algo del misterio hechizo de las brujas, permitiendo ver aristas bastante novedosas y curiosas que probablemente parezcan no ser del todo cercanas con la magia y hechicería. El primer abordaje viene desde el intento de medir el impacto o las percepciones que las personas (con poderes o sin ellos) tienen respecto a la brujería y sus efectos, esto, bajo el paradigma de las escalas estandarizadas, las cuales permiten generar rangos perceptuales basados en la opinión de las personas.

Estas escalas dejan de lado el hecho de si existe o no la magia, pero reiterando la búsqueda de las percepciones o efectos que estos tienen en las personas, similar a la antropología. Por ejemplo, tenemos la llamada *Escala de Creencias Paranormales* (Tobacyk, 2004), la cual se ha aplicado en contextos tan diversos como lo pueden ser Letonia (Utinans; et al, 2015) o México (Camacho-Valadez, Ibañez-Martinez y Carrillo-Saucedo, 2019), contando en la actualidad con cerca de 300 citas académicas. Esta escala permite el reporte de varios factores como el pensamiento tradicional religioso, el pensamiento relacionado con situaciones de la psique, la brujería por supuesto, creencias sobre superstición, el espiritualismo, los pensamientos sobre formas de vida extraordinarias y la precognición; Creemos que el número de citas bibliográficas para esta escala, así como los factores y contextos en los que se ha aplicado, fundamentan el interés del mundo académico por entrar de lleno a estos temas, que en principio parecieran tan ajenos a la ciencia.

Como un segundo abordaje de las ciencias sociales y personalmente, el que mayor asombro me provoca, es el de las ciencias jurídicas y políticas. Esto es debido a que la brujería se ha manifestado diferente según sea la época vivida, modificando sus acciones y rituales según sea el periodo histórico. Justo algunas acciones de la brujería que pudieron ser penalizadas en algún tiempo, ahora lo han dejado de ser. Por ejemplo, la practica misma.

Pero algunas otras acciones siguen siendo sin importar el tiempo igual de perseguidas. Por ejemplo, las supuestas abducciones de personas para rituales y/o posteriores asesinatos. Debido a esto, las ciencias jurídicas no pudieron dejar de lado que más allá de la creencia, la brujería tiene un elemento que debe ser regulado por el potencial riesgo que contiene, y es el elemento de la violencia.

Por supuesto aquí entramos en un mar de ambigüedades, ya que como menciona Forsyth (2016), para aquellos que no creen en la existencia de la brujería, el problema es la violencia relacionada con acusaciones de brujería o brujería, y las víctimas son las acusadas de ser brujas o hechiceros. Por otro lado, para los que creen, aunque a menudo hay preocupación por la brujería, el problema central va más relacionado con la violencia de la acusación. En otra postura, el problema es también (y para algunos principalmente) el daño que los supuestos brujos y brujas pudieran hacer a sus comunidades, matando y dañando a personas inocentes.

Desde esta perspectiva, las víctimas son aquellas personas que han sido asesinadas o heridas por brujería. No obstante, el mundo de la brujería en la actualidad se ha adaptado a las necesidades contemporáneas. No obstante, al menos lo que indican los estudios mencionados, es que en gran medida hablamos de manejos de avances químicos y médicos adelantados a las épocas, efectos y trastornos psicológicos, etc. Pero, aunque todo indique que la brujería en sí misma, tiene menos que ver con las fuerzas ocultas y más con comportamientos colectivos, dirigidos a grupos en lugar de individuos (Koning, 2013), no podemos negar que el hechizo de la bruja sigue encantándonos aun en la actualidad. Tanto que le seguimos dedicando capítulos enteros y un espacio en lo que concebimos como desconocido.

6.5 *Realidad y mito del vampiro*

Nuestro segundo monstruo celebre en cuestión es el vampiro, el cual, para empezar, debemos decir que existe. No como lo pintan las películas y ficciones en su mayoría, pero es real, debido sobre todo a que parte del vampiro tiene un contexto humano y similar a la bruja, esto hace que un humano pueda tener rasgos que lo caractericen como vampiro. En muchos de los casos por decisión propia.

De hecho, *vampirismo* es un término que las personas se adjudican cuando se toma la decisión de consumir sangre o algún otro tipo de energía vital como sostén de vida o como alimento, definiendo estilos de vida, formas de vestir, o incluso adoptando códigos de comportamiento que los acerquen a sentirse como sus propios ideales de vampiro (Laycock, 2012).

Laycock (2012) también agrega que, en el vampirismo real, los fenómenos culturales, religiosos y constructos sociales son constantes en la formación de los vampiros por convicción, y que esto hace que las personas se denominen vampiros, genere toda una nueva forma de ver y estudiar a este grupo. Para autores como Browning (2015) mencionan que el vampirismo real también varia de latitud en latitud y que habla de un desafío social al tener que crear una sociedad para poder identificarse, se podría decir que se trata de fenómenos de empoderamiento y de reto ante figuras de poder.

6.6 *Inmunología y vampirismo*

Desde otra perspectiva no tan social, podemos hablar del vampirismo como un fenómeno que la ciencia también ha empleado para bien. Ya que sean similares al mito o no, al igual que la figura de la bruja, el vampiro tiene un impacto para las masas y causa efectos. Por ejemplo, el efecto que han tenido en películas o libros, que si bien no parece tan directo, esto ha ayudado a proyectar usos que la ciencias puede tener respecto a esta figura.

Un estudio reciente categorizó al vampiro basando se en las diferentes películas que existen sobre este monstruo, logrando identificar y categorizar con el fin de educar. Los resultados muestran categorías tan diversas como películas que hablan sobre el vampiro en un contexto de epidemiología o de brote viral, en un contexto de búsqueda de curas ante un brote de vampiros, ante la longevidad y ciclos de un patógeno vampírico, a la heterogeneidad del huésped y la tolerancia a la enfermedad, la microbiota nativa del vampiro, el comportamiento social, el periodo de vida de los infectados, los patógenos inusuales, diversos modos de transmisión o la manipulación del huésped (Schneider, 2016).

Como se puede leer, la figura del vampiro a ayudado a enseñar en materia de medicina o de epidemiologia en concreto, siendo procesos similares a los reales de algún virus o patógeno, por lo que la ciencia a encontrado desde esta postura una forma útil y metódica de emplear la leyenda del vampiro.

6.7 *El cadáver del vampiro*

En el periodo del 2006-2007 una expedición arqueológica se topó con el cadáver de un vampiro. Así como lo lee. Al inspeccionar fosas comunes de cadáveres de las muertes por peste del siglo XVII, ubicadas en Nuovo Lazzaretto en la ciudad de Venecia (Italia), se toparon con un cadáver particular, el cual tenía el cuerpo puesto en decúbito, con la mitad superior del tórax intacto, los brazos paralelos al eje del raquis, las articulaciones estaban inalteradas. Se trataba del cuerpo de una mujer, pero lo interesante surge cuando se reportó que en la boca del cadáver se encontraba un ladrillo, manteniendo la mandíbula abierta de par en par. El perfil forense enfocado en las "circunstancias de muerte", concluyó que el posicionamiento del ladrillo fue intencional, y atribuido a un ritual de entierro simbólico. Este ritual confirma la creencia íntima mantenida en esos momentos, entre la peste y el carácter mitológico del vampiro (Nuzzolese y Borrini, 2010).

6.8 *Hombres bestia y licantropía*

El término *licantropía* deriva de dos palabras griegas, "Lykoi" que significa "lobo" y "anthropos" que significa "hombre" y describe la condición mítica de una aflicción sobrenatural en la que se dice que las personas se transforman físicamente en lobos (Khalill; et al, 2012). También se habla del término *teriantropía* es una palabra derivada del griego therion, que significa bestia, y anthropos, que significa hombre; seria pues la creencia en convertirse de humano en animal y viceversa (Díaz-Rosales, Romo y Loera, 2008), siendo la transformación en lobo la más celebre. Dicha transformación en lobo puede variar según el folclore y la modalidad de superstición, siendo en algunas versiones capaz de retener la inteligencia humana y en otras versiones, la pérdida total de autonomía, siendo en algunos casos la transformación completa en lobo, una transformación de lobo antropoide o bien, un hombre con rasgos salvajes o de lobo (Nejad y Toofani, 2005).

6.9 *Actualidad clínica de la licantropía*

En la actualidad, el termino de licantropía es empleado en contextos clínicos respecto a padecimientos mentales donde la persona cree asumir las características de lobo, que, si bien es la transformación más "común", depende de la latitud el animal *totem* en el que se transforma.

Por ejemplo, los nativos americanos reportan hombres que se transforman en oso, en China existen las leyendas de los hombres con cabeza de perro, en la India existen los hombres tigre, en el norte de Europa, también el oso; en Japón, el zorro y el lobo; en África, el leopardo, hiena o león; en Sudamérica, el jaguar; el hombre tiburón en las Islas Polinesias y el hombre cocodrilo en Indonesia y Egipto, según Díaz-Rosales, Romo y Loera (2008).

Estos mismos autores comentan que en base a la conducta animal, el paciente suele sufrir desórdenes alimenticios diversos, excesiva agresividad; puede o no presentar amnesia retrógrada de corto plazo, una doble personalidad; piensa en voz alta, cambia constantemente de decisiones y sus actos se siguen de culpabilidad excesiva.

Existen también casos en la literatura científica sobre licantropía. Por ejemplo, el caso de un hombre de 32 años en Irak. El paciente decía sentir una especie de descarga eléctrica que lo hacia sentir que cambiaba de forma, pero también sentía que estaba muerto (Nejad y Toofani, 2005). Este es un caso de licantropía relacionada con otro síndrome igual de particular, el llamado *Síndrome de Cotard*, el cual hace sentir al paciente justamente, la creencia de estar muerto. Nejad (2007), también indica que en la actualidad de la literatura médica existente, la metamorfosis hombre-animal que no sean lobo y lobo incluye algunos otros animales como el jerbo, el conejo, el caballo, el tigre, gato, pájaro, rana o abeja; de igual forma, reporta el caso de un hombre de 18 años que relacionaba otro caso de licantropía clínica pero ahora con situaciones de ansiedad y depresión. Esta persona también indicaba que él era capturado por el diablo y, a veces, sus pensamientos o el cuerpo estaba controlado por su poder (Nejad, 2007).

En otro caso, un hombre de 45 años fue ingresado con la ilusión de sentir que vello le crecía en su cuerpo y síntomas depresivos y síntomas de episodio maniaco (Verdoux y Bourgeois, 1993). Pero en la actualidad, existe un documento de revisión que proporciona la mejor perspectiva respecto a casos clínicos de licantropía en la historia hasta las fechas en las que fue publicado.

Este documento proporciona una visión general y una reevaluación crítica de los casos de licantropía clínica informados en La literatura médica desde 1850 en adelante; De 56 descripciones de casos originales de metamorfosis en un animal, solo 13 cumplieron los criterios de licantropía clínica propiamente dicha. Los casos restantes constituyeron variantes de la clase global de zoantropía clínica. Cuarenta y siete casos involucraron delirios primarios, y nueve delirios secundarios sobre la base de alucinaciones somáticas y/o visuales. Casos de delirios secundarios y casos con ilusiones de modificaciones corporales (Blom, 2014).

6.10 *La serpiente*

Finalmente, el caso más curioso de licantropía clínico en cuanto a transformaciones se refiere, es el de la llamada *ofidiantrofia*. Esta se refiere a la creencia de transformación en serpiente o reptil, la cual se relaciona con la esquizofrenia paranoide, consumo de cannabis, la bestialidad y los antecedentes de epilepsia en el paciente que la presenta (Mondal; et al, 2014). El primer caso en cuestión fue de una mujer de 24 años, educada hasta la escuela secundaria de una familia de clase media, presentó una historia de 15 días de delirio sobre que su cuerpo se había transformado en el de serpiente (Kattimani; et al, 2010). En otro caso, una mujer de 47 años que sufría de un trastorno depresivo mayor con rasgos psicóticos que dejan ver, por una parte, la dificultad actual para el tratamiento de casos de este tipo, pero por otro que la licantropía, desde una perspectiva médica, es una realidad que no se trata como un tabú, sino con la seriedad que se trata cualquier padecimiento (Khalil; et al, 2012). Un ejemplo del empleo de lo *paranormal* aplicado en la ciencia actual.

Comentarios finales

Ya estamos en las últimas letras de este viaje que gracias a su paciencia y hermosa curiosidad pudimos recorrer. Espero haya sido emocionante. De igual forma espero que en este momento usted ya se hayas podido generar un criterio propio respecto a la actualidad de los llamados *fenómenos paranormales*, que como usted puede leer, ya de paranormales no tienen mucho. Al menos los que la ciencia ha podido poner estudiar y manipular.

En lo que respecta a mi muy subjetiva conclusión, creo que en gran medida sigue existiendo un prejuicio al hablar, y no se diga al estudiar estos temas de parte de los científicos, pero no creo que el sesgo venga de la ciencia *per se*, sino de criterios individuales de algunos científicos puristas. De igual forma, la información aquí presente me genera una gran certeza respecto a lo que la ciencia hace por el mundo y por la supervivencia de la raza, reiterando la magia que esta contiene.

También estoy cada vez más seguro de que todos los fenómenos de este planeta pueden ser estudiados, solo que algunos presentarán más complicaciones en su estudio que otros, por ejemplo, los que se han llegado a plantear como no existentes, por lo que sería recomendable confirmar la existencia de estos para facilitar la objetividad de las investigaciones.

También pienso que es un hecho que nuestros sentidos nos limitan, pero que este límite tiene una razón de ser con fundamentos evolutivos o de protección. Respecto a la percepción humana, considero que esta es una ventana a "la realidad", más no necesariamente "la realidad" en su totalidad. Probablemente en un futuro no muy lejano las bondades de la ciencia nos generen una mejor percepción de esta, ya nosotros podremos decidir con cual "realidad" quedarnos o cual vivir.

Debo hacer hincapié en que este libro se basó exclusivamente en la información científica sobre los aparentes *fenómenos paranormales* más conocidos, no obstante, siguen faltando otros fenómenos que probablemente en un segundo volumen indagaremos. Tal es el caso de la legendaria *ouija*, las aterradoras posesiones diabólicas, sobre eso que llaman demonios, sobre los fantásticos curanderos, etc. Aún existen muchos misterios por revelar y la ciencia siempre está atenta.

Respecto al capítulo 6, creo que lo que realmente sería fundamental rescatar es la posible nueva percepción que se logra de estos fenómenos y su importancia y presencia en nuestra cotidianidad. Sobre todo, la presencia de la hechicería como un factor a regular en contexto social y la incidencia clínica tanto de la licantropía como del vampirismo. Otras formas de ver estos fenómenos, historias que a lo mejor no suenan para nada similares a lo que te han contado o a lo que se sabe coloquialmente. Bueno, eso lo veremos tal vez en otro viaje. Ya sabes, un viaje de esos increíbles que nos permiten ver temas que van desde los misterios de casas embrujadas hasta porque no, buscar fantasmas en un laboratorio…

D.C.

Referencias bibliográficas

Álvarez, E., & Uribe, K. (2016). Hipnosis clínica para mejorar la disposición a la curación de un paciente en la unidad de cuidados intensivos. Enfermería universitaria, 13(3), 193-198.

Angarita, M. A. M., Villa, S. C., Ribero, O. F. G., García, R. G., & Sieger, F. A. S. (2014). Fisiopatología y tratamiento del dolor de miembro fantasma. Revista Colombiana de Anestesiología, 42(1), 40-46.

Ashforth, A. (2005). *Muthi*, medicine and witchcraft: regulating 'African science'in post-apartheid South Africa?. Social Dynamics, 31(2), 211-242.

Ardila, A. (2008). On the evolutionary origins of executive functions. Brain and cognition, 68(1), 92-99.

Ballesteros, R. O. (2002). Supersticiones y augurios. Universidad Autónoma de Nuevo León. Secretaria de Extensión y Cultura. Centro de Información de Historia Regional.

Banks, J. (2006). Rorschach audio: Ghost voices and perceptual creativity. Leonardo Music Journal, 21, 19-23.

Barbin, J., Seetha, V., Casillas, J. M., Paysant, J., & Perennou, D. (2016). The effects of mirror therapy on pain and motor control of phantom limb in amputees: A systematic review. Annals of physical and rehabilitation medicine, 59(4), 270-275.

Bem, D. J. (2008, August). Feeling the future III: Additional experimental evidence for apparent retroactive influences on cognition and affect. In the Parapsychological Association, Inc. 51st Annual Convention & The Incorporated Society for Psychical Research 32nd Annual Convention (p. 24).

Blanke, O., Ortigue, S., Landis, T., & Seeck, M. (2002). Neuropsychology: Stimulating illusory own-body perceptions. Nature, 419(6904), 269-270.

Blanke, O., Pozeg, P., Hara, M., Heydrich, L., Serino, A., Yamamoto, A., ... & Arzy, S. (2014). Neurological and robot-controlled induction of an apparition. Current Biology, 24(22), 2681-2686.

Blom, J. D. (2014). When doctors cry wolf: a systematic review of the literature on clinical lycanthropy. History of Psychiatry, 25(1), 87-102.

Burger, J. M., & Lynn, A. L. (2005). Superstitious behavior among American and Japanese professional baseball players. Basic and Applied Social Psychology, 27(1), 71-76.

Camacho-Valadez, D., Ibañez-Martinez., E & Carrillo-Saucedo, I (2019). Validación y confiabilidad de la escala de creencias paranormales (paranormal belief scale). VIII Coloquio Internacional de Dia de Muertos "Muerte sin fin: entre lo cotidiano y lo extraordinario". Universidad Autónoma de Ciudad Juárez. Ciudad Juárez, Chihuahua, México.

Caputo, G. B. (2010). Strange-face-in-the-mirror illusion. Perception, 39(7), 1007-1008.

Caputo, G. B., Ferrucci, R., Bortolomasi, M., Giacopuzzi, M., Priori, A., & Zago, S. (2012). Visual perception during mirror gazing at one's own face in schizophrenia. Schizophrenia research, 140(1), 46-50.

Chalup, S. K., Hong, K., & Ostwald, M. J. (2010). Simulating pareidolia of faces for architectural image analysis. Brain, 26(91), 100.

Damasio, A. R. (1994). El error de Descartes: la razón de las emociones. Andrés Bello.

De Quervain, D., Schwabe, L., & Roozendaal, B. (2017). Stress, glucocorticoids and memory: implications for treating fear-related disorders. Nature Reviews Neuroscience, 18(1), 7-19.

Del Campo Rios, J. (2015). Religion and superstition through a cognitive perspective: examining the relationship of religious and superstitious beliefs to cognitive processes (Doctoral dissertation, School of Psychology).

Devi, L. S. (2003). Ethnomedical practice in Manipur: A case of evil eye. The Anthropologist, 5(1), 25-40.

Díaz-Rosales, J., Romo, J. E., & Loera, O. F. (2008). Myths and Science: Clinical Lycanthropy and Werewolves. Boletín Mexicano de Historia y Filosofía de la Medicina, 11(2), 68-70.

Forsyth, M. (2016). The regulation of witchcraft and sorcery practices and beliefs. Annual Review of Law and Social Science, 12, 331-351.

Foster, S. R., Roura, E., & Thomas, W. G. (2014). Extrasensory perception: odorant and taste receptors beyond the nose and mouth. Pharmacology & therapeutics, 142(1), 41-61.

García-Albea JE. Usos y abusos de lo 'neuro'. Rev Neurol 2011; 52: 577-80.

Gomes, C. M. A., & Jelihovisch, E. (2016). Proposing a new approach and a rigorous cut-off value for identifying precogni-tion. Measurement, 93, 117-125.

Henkin, R. I., Potolicchio, S. J., & Levy, L. M. (2013). Olfacto-ry hallucinations without clinical motor activity: a comparison of unirhinal with birhinal phantosmia. Brain sciences, 3(4), 1483-1553.

Idoyaga Molina, A. (2013). Las manifestaciones del mal de ojo en Iberoamérica. reflexión crítica sobre la posibilidad de orígenes indoamericános. Scripta Ethnologica, 35.

Jafarizadeh, H., Lotfi, M., Ajoudani, F., Kiani, A., & Alinejad, V. (2017). Hypnosis for reduction of background pain and pain anxiety in men with burns: A blinded, randomised, placebo-controlled study. Burns.

Kattimani, S., Menon, V., Srivastava, M. K., & Mukharjee, A. (2010). Ophidianthropy: the case of a woman who 'Turned into a Snake'. Archived 2014-04-16 at the Wayback Machine. Psychiatry Reports.

Khalifa, N., Hardie, T., Latif, S., Jamil, I., & Walker, D. M. (2011). Beliefs about Jinn, black magic and the evil eye among Muslims: age, gender and first language influ-ences. International Journal of Culture and Mental Health, 4(1), 68-77.

Khalil, R. B., Dahdah, P., Richa, S., & Kahn, D. A. (2012). Lycanthropy as a culture-bound syndrome: a case report and review of the literature. Journal of Psychiatric Practice®, 18(1), 51-54.

Kilteni, K., Maselli, A., Kording, K. P., & Slater, M. (2015). Over my fake body: body ownership illusions for studying the multisensory basis of own-body perception. Frontiers in human neuroscience, 9.

Kimber, J; et al. (2014). Elasmobranch cognitive ability: using electroreceptive foraging behavior to demostrate learning, ha-bituation and memory in a benthic shark. Animal Cognition. 17(1). pp. 55-56

Kritsidima, M., Newton, T., & Asimakopoulou, K. (2010). The effects of lavender scent on dental patient anxiety levels: a cluster randomised-controlled trial. Community dentistry and oral epidemiology, 38(1), 83-87.

Koning, N. (2013). Witchcraft beliefs and witch hunts. Human nature, 24(2), 158-181.

Krouwel, M., Jolly, K., & Greenfield, S. (2017). What the pub-lic think about hypnosis and hypnotherapy: A narrative review of literature covering opinions and attitudes of the general public 1996–2016. Complementary Therapies in Medicine, 32, 75-84.

Laney, C., & Loftus, E. F. (2013). Recent advances in false memory research.

Laycock, J. (2012). Real Vampires as an Identity Group: Analyzing Causes and Effects of an Introspective Survey by the Vampire. Community. In Handbook of Hyper-real Religions (pp. 141-163). Brill.

Lima, N. G., De Sousa, D. P., Pimenta, F. C. F., Alves, M. F., De Souza, F. S., Macedo, R. O., ... & de Almeida, R. N. (2013). Anxiolytic-like activity and GC–MS analysis of (R)-(+)-limonene fragrance, a natural compound found in foods and plants. Pharmacology Biochemistry and Behavior, 103(3), 450-454.

Lindeman, M., & Aarnio, K. (2007). Superstitious, magical, and paranormal beliefs: An integrative model. Journal of re-search in personality, 41(4), 731-744.

Loftus, E. F., & Pickrell, J. E. (1995). The formation of false memories. Psychiatric annals, 25(12), 720-725.

Malaty, J., & Malaty, I. A. (2013). Smell and taste disorders in primary care. Am Fam Physician, 88(12), 852-859.

Malinowski, B., Redfield, R., & Pérez-Ramos, A. (1974). Magia, ciencia, religión. Ariel.

Marcos, F. A., & Rovira, S. C. (2014). Pseudoscience and the power of the media. The problematic lack of theoretical foundations to tackle the phenomenon. Historia y comunicación social, 19, 93.

Maren, S. (2001). Neurobiology of Pavlovian fear conditioning. Annual review of neuroscience, 24(1), 897-931.

Matsukawa, M., Imada, M., Murakami, T., Aizawa, S., & Sato, T. (2011). Rose odor can innately counteract predator odor. Brain research, 1381, 117-123.

McClain, A. D., van den Bos, W., Matheson, D., Desai, M., McClure, S. M., & Robinson, T. N. (2014). Visual illusions and plate design: the effects of plate rim widths and rim coloring on perceived food portion size. International Journal of Obesity, 38, 657-662.

Merleau-Ponty, M., & Cabanes, J. (1975). Fenomenología de la percepción (p. 475). Península.

Moody, R. (1992). Family reunions: visionary encounters with the departed in a modern-day psychomanteum. Journal of Near-Death Studies, 11(2), 83-121.

Mondal, G., Nizamie, S. H., Mukherjee, N., Tikka, S. K., & Jaiswal, B. (2014). The 'snake'man: Ophidianthropy in a case of schizophrenia, along with literature review. Asian journal of psychiatry, 12, 148-149.

Morgan, C. A., Southwick, S., Steffian, G., Hazlett, G. A., & Loftus, E. F. (2013). Misinformation can influence memory for recently experienced, highly stressful events. International journal of law and psychiatry, 36(1), 11-17.

Moya, C. J. (2004). Creencia, significado y escepticismo. Ideas y valores, (125).
Nordin, S., Broman, D. A., Olofsson, J. K., & Wulff, M. (2004). A longitudinal descriptive study of self-reported ab-normal smell and taste perception in pregnant wom-en. Chemical Senses, 29(5), 391-402.

Nejad, A. G. (2007). Belief in transforming another person into a wolf: could it be a variant of lycanthropy?. Acta Psychiatrica Scandinavica, 115(2), 159-161.

Nejad, A. G., & Toofani, K. (2005). Co-existence of lycanthropy and Cotard's syndrome in a single case. Acta Psychiatrica Scandinavica, 111(3), 250-252.

Notredame, C. E., Pins, D., Deneve, S., & Jardri, R. (2014). What visual illusions teach us about schizophrenia. Frontiers in integrative neuroscience, 8.
Nuzzolese, E., & Borrini, M. (2010). Forensic Approach to an Archaeological Casework of "Vampire" Skeletal Remains in Venice: Odontological and Anthropological Prospectus*. Journal of forensic sciences, 55(6), 1634-1637

Öhman, A. (2009). Of snakes and faces: An evolutionary per-spective on the psychology of fear. Scandinavian journal of psychology, 50(6), 543-552.

O'Mahony, B., & Ohtsuka, K. (2015). Responsible gambling: Sympathy, empathy or telepathy?. Journal of Business Re-search, 68(10), 2132-2139.

Oxlack Investigador. (2014, Agosto 5). Capturan bruja en Durango la verdad @OxlackCastro – subtitles. (Archivo de video). Recuperado de https://www.youtube.com/watch?v=73A__M16PP4

Paniagua, C. (2003). Psicología de la brujería. Ars Medica, 2, 160-171.

Parra, A. (2008). Efectos de las experiencias espirituales/paranormales en la vida de las personas y su bienestar psicológico. Revista Argentina de Clínica Psicológica, 17(3).

Parra, A., & Espinosa Paul, L. (2010). Comparación entre la esquizotipia positiva y perturbadora con la espiritualidad y lãs experiencias paranormales en población no-clínica. Revista Argentina de Clínica Psicológica, 19(2).

Parsons, S. T. (2012). Infrasound and the paranormal. Journal of the Society for Psychical Research, 76(908), 150-174.

Pedrinaci, E. (2010). Catástrofes y sostenibilidad: algunas ideas para el aula. Revista Eureka sobre Enseñanza y Divulgación de las Ciencias, 7.

Petra-Micu, I., & Estrada-Avilés, A. (2014). El pensamiento mágico: diseño y validación de un instrumento. Investigación en educación médica, 3(9), 28-33.

Quinceno, J. M., & Vinaccia, S. (2009). La salud en el marco de la psicología de la religión y la espirituali-dad. Diversitas, 5(2), 321-336.

Rao, R. P., Stocco, A., Bryan, M., Sarma, D., Roll, W. G., Saroka, K. S., Mulligan, B. P., Hunter, M. D., Dotta, B. T., Gang, N., ... & Persinger, M. A. (2012). Case report: A proto-typical experience of 'poltergeist' activity, conspicuous quantitative electroencephalographic patterns, ands LORETA pro-files–suggestions for intervention. Neurocase, 18(6), 527-536.

Rosen, J. B. (2004). The neurobiology of conditioned and unconditioned fear: a neurobehavioral system analysis of the amygdala. Behavioral and cognitive neuroscience reviews, 3(1), 23-41.

Schaller, M., Park, J. H., & Mueller, A. (2003). Fear of the dark: Interactive effects of beliefs about danger and ambient darkness on ethnic stereotypes. Personality and Social Psychology Bulletin, 29(5), 637-649.

Scharrón del Río, M. D. R. (2010). Supuestos, explicaciones y sistemas de creencias: Ciencia, Religión y Psicología. Revista Puertorriqueña de Psicología, 21.

Schmidt, S., Schneider, R., Utts, J., & Walach, H. (2004). Distant intentionality and the feeling of being stared at: Two meta-analyses. British Journal of Psychology, 95(2), 235-247.

Sheldrake, R. (1998). The sense of being stared at: Experiments in schools. Journal of the Society for Psychical Research, 62, 311–323.

Sheldrake, R., Smart, P., & Avraamides, L. (2015). Automated Tests for Telephone Telepathy Using Mobile Phones. Explore: The Journal of Science and Healing, 11(4), 310-319.

Schneider, D. S. (2016). What can vampires teach Us about immunology?. Trends in immunology, 37(4), 253-256.

Shweder, R. A. (2008). The cultural psychology of suffering: The many meanings of health in Orissa, India (and elsewhere). Ethos, 36(1), 60-77.

Silva Aycaguer, L. C. (1997). Ciencia y pseudociencia: una distinción crucial. Revista Cubana de Investigaciones Biomédicas, 16(2), 78-82.

Tambiah, S. J. (1992). Magic, Science, Religion, and the Scope of Rationality. Cambridge University Press.

Tiwari, R., & Tiwari, S. (2011). Animals: a natural messenger for disasters. Journal of Natural Products, 4, 3-4.

Tobacyk, J. J. (2004). A revised paranormal belief scale. The International Journal of Transpersonal Studies, 23(23), 94-98.

Toledo, V. (2003). Ecología, espiritualidad y conocimiento. De la sociedad del riesgo a la sociedad sustentable. México. Universidad Iberoamericana, PNUMA, Grupo Editorial Formato.

Toren, C. (2012). Anthropology and psychology. The Sage Handbook of Social Anthropology. Los Angeles, London: SA-GE, 27-41.

Ustárroz, J. T. (2011). Neuropsicología: neurociencia y las ciencias" Psi". Cuadernos de neuropsicología, 5(1), 11-24.

Utinans, A., Ancane, G., Tobacyk, J. J., Boyraz, G., Livingston, M. M., & Tobacyk, J. S. (2015). Paranormal beliefs of latvian college students: a latvian version of the revised paranormal belief scale. Psychological reports, 116(1), 116-126.

Van der Hoort, B., & Ehrsson, H. H. (2014). Body ownership affects visual perception of object size by rescaling the visual representation of external space. Attention, Perception, & Psychophysics, 76(5), 1414-1428.

Verdoux, H., & Bourgeois, M. (1993). A partial form of lycanthropy with hair delusion in a manic-depressive patient. The British Journal of Psychiatry, 163(5), 684-686.

Wikramanayake, E., Fernando, P., & Leimgruber, P. (2006). Behavioral Response of Satellite-collared Elephants to the Tsunami in Southern Sri Lanka. Biotropica, 38(6), 775-777.

Willerslev, R. (2007). Soul hunters: hunting, animism, and personhood among the Siberian Yukaghirs. Univ of California Press.

Wiseman, R., Watt, C., Greening, E., Stevens, P., & O'Keeffe, C. (2002). An investigation into the alleged haunting of Hampton Court Palace: Psychological variables and magnetic fields. The Journal of Parapsychology, 66(4), 387.

Wolf, C. C., Ocklenburg, S., Ören, B., Becker, C., Hofstätter, A., Bös, C., ... & Güntürkün, O. (2010). Sex differences in parking are affected by biological and social factors. Psychological Research PRPF, 74(4), 429-435.

Youngquist, T. M., Wu, J., & Prat, C. S. (2014). A direct brain-to-brain interface in humans. PloS one, 9(11), e111332.

Zhu, B., Chen, C., Loftus, E. F., Lin, C., He, Q., Chen, C., ... & Dong, Q. (2010). Individual differences in false memory from misinformation: Cognitive factors. Memory, 18(5), 543-555.

SOBRE EL AUTOR

Nacido el 20 de noviembre de 1988 en Ciudad Juárez, Chihuahua (México), David Camacho Valadez es psicólogo de profesión por la Universidad Autónoma de Ciudad Juárez, egresado en 2013. Se ha desempeñado como profesor en la misma universidad, así como laborando en consulta privada enfocándose en el tratamiento de ansiedad, depresión y situaciones de violencia.

Es autor de cerca de 35 publicaciones científicas tanto en revistas indexadas, como en foros científicos de países como México, Estados Unidos, Chile, Colombia, Argentina y España. Ha sido ponente en más de 20 foros científicos nacionales e internacionales y ha realizado estancias de investigación en el hospital civil de Guadalajara en el servicio de Neurociencias en 2011 y en el verano del 2019 adjunto al departamento de doctorado en Salud Pública del Centro Universitario de Ciencias de la Salud de la Universidad de Guadalajara, pudiendo realizar diversos estudios demográficos y elaborando artículos académicos.

Cuenta con certificados en genética y comportamiento la Universidad de Maryland (USA), manejo de modelo animal por la Universidad Nacional Autónoma de México, sobre Neuropsicología de los trastornos del aprendizaje en menores por el Instituto de Neurociencias de la Universidad de Guadalajara y prevención de la violencia por la misma universidad. Es revisor para la Revista Internacional de Psicología (Colombia) y Cuadernos de Salud Pública (Brasil). En la actualidad termina sus estudios de maestría en estudios urbanos, enfocando sus líneas de investigación en psicometría/medición, en estudios urbanos relacionados con la psicología ambiental y la epidemiologia en salud mental.

Se considera un gran fan de la ciencia ficción y el terror, así como autor de libros de divulgación sobre fenómenos paranormales y cuestiones fantásticas, desde una postura científica.

www.ingramcontent.com/pod-product-compliance
Lightning Source LLC
Chambersburg PA
CBHW031143250726
48655CB00002B/811